Jesús Recortado de la Imagen

Por qué se aburren los cristianos
y cómo restaurarlos hacia una fe vibrante

Don Allsman

The Urban Ministry Institute
3701 E. 13th Street
Wichita, KS 67208

El Instituto Ministerial Urbano es un ministerio de World Impact, Inc.

Título original en Inglés: *Jesus Cropped from the Picture,* por Rev. Don Allsman
Traducido al español por Karel Golcher.

Agradecimientos

A Cathy

Tu vibrante fe en Cristo y tu constante amor hacia los demás, me han inspirado estos 25 años que hemos compartido juntos.

El aspecto más atractivo de la investigación de este libro es que fue hecho en conversación con los amigos. El *gupo de Granville* (Rick Durrance, Brian Morrison, Bob Drummond y Dave Evans), la clase de *Épica*, y el grupo de *cómo hacemos la Iglesia* (Brad Brown, Dave Rutledge, Glenn Gilmore y Tyler McCauley) dieron forma a las ideas que están articuladas en este libro. Un agradecimiento especial a Jeanie Hamilton, que trabajó mucho para ayudarme a editar este libro.

- Don Allsman
Marzo del 2010

Acerca del Autor

Don Allsman es un Vice Presidentede World Impact y Director Ejecutivo de ministerios de satélite de The Urban Ministry Institute, que es el centro de desarrollo de liderazgo urbano de World Impact. También co-fundó la Escuela de Plantación de Iglesias Urbanas Evangel con el Dr. Don Davis.

Recibió una Licenciatura en Ciencias en Ingeniería Industrial en la Universidad Estatal de California, Fresno (1984), y una Maestría en Administración de Negocios de la Universidad Estatal de Wichita (1986) antes de empezar a trabajar en la gerencia de construcción (Granite Construction), la industria aeroespacial (Boeing and Northrop), y consultoría administrativa (Wygle and Company). Don y su esposa Cathy han sido misioneros con World Impact desde 1991. Tienen dos hijos, Ryan y Mark..

Contenido

Parte tres: Volver al futuro

Apéndices

Introducción

¡Me encantan las iglesias!

Mi amor por todos los tipos de iglesias no sólo proviene de mi afecto por Jesús, sino también porque soy un ejecutivo de World Impact, una organización misionera cuyo objetivo es plantar iglesias transculturales entre los más pobres de las zonas urbanas de Estados Unidos. Los misioneros de World Impact viven encarnacionalmente en las zonas urbanas donde plantan iglesias y ministran integralmente a las personas a través de escuelas, campamentos, clínicas médicas y la distribución de alimentos y ropa.

También soy el Director de Satélites de El Instituto Ministerial Urbano (TUMI), el ministerio teológico y de desarrollo de liderazgo de World Impact para aquellos que no tienen acceso a educación de seminario tradicional debido al costo, a requisitos de admisión u otros aspectos culturales. En TUMI, capacitamos a pastores y ancianos urbanos que están comprometidos con la fe bíblica, histórica ortodoxa, de una variedad de trasfondos eclesiales.

Así que, no es de extrañar que me encanten las iglesias que son fieles al Señor Jesús: tradicionales, emergentes, carismáticas, evangélicas, reformadas o litúrgicas. La lista podría continuar. Pero en todas las denominaciones hay un consenso cada vez mayor y temeroso de que la fe cristiana está *disminuyendo en Estados Unidos*. Al mismo tiempo, otros datos sugieren una explosión de vitalidad en otras partes del mundo, como en América Latina, Asia y África.

En las últimas décadas he observado estas tendencias divergentes desde dos perspectivas. En primer lugar, estoy capacitando a pastores y misioneros para plantar iglesias saludables en una variedad de ambientes culturales en las áreas urbanas de Estados Unidos. En segundo lugar, soy un miembro de una iglesia evangélica suburbana. Esta "doble vida" me ha permitido experimentar un mundo dinámico y estimulante de vida cristiana en mi contexto urbano, mientras observo un precipitado sentido de aburrimiento, desánimo y poca profundidad en mi entorno de iglesia suburbana.

En los últimos años he hablado con líderes de otras iglesias e investigado mucho acerca de las causas subyacentes de estas dos experiencias opuestas. He estado ansioso de identificar por qué un mundo es caracterizado por *el coraje y la vitalidad espiritual*, mientras que el otro está descendiendo en *el aburrimiento y el letargo*.

Mi preocupación era la siguiente: si hay algo intrínsecamente insalubre en las iglesias suburbanas (y rurales) de Estados Unidos, los mentores que estas iglesias envíen al Instituto Ministerial Urbano podrían llevar esa misma identidad espiritual y afectar la formación que estamos ofreciendo a los líderes de la iglesia urbana. Me preguntaba si el mensaje que traían con ellos era defectuoso de alguna manera. Como Rick Wood dijo: "Esto sería como si Bill Gates lanzara la última versión de Microsoft, la cual después de estar instalada por un año borre todos los archivos en la computadora .... Si el evangelio que proclamamos se autodestruirá una vez instalado en el disco duro de los corazones de la gente, entonces mucho de nuestro trabajo entre los pueblos no alcanzados podría estar en peligro de colapso, tal como ha sucedido en gran parte de Europa".[1]

Esta preocupación se convirtió en una pasión que me motivó a descubrir las fuentes de este fenómeno de "dos mundos". *Jesús recortado de la imagen es mi intento de ayudar a pastores para que eviten el aburrimiento y la apatía en las iglesias suburbanas de Estados Unidos, proponiéndoles formas para mejorar su vitalidad espiritual.*

Parte uno: Esta vida provincial describe mi análisis de la decadencia de la iglesia estadounidense en las últimas décadas, ya que lentamente dejó de *participar en la historia del reino de Cristo*, para llegar a ser un sistema orientado a las *necesidades personales de uno mismo*. Este sistema es muy pequeño y restrictivo (provincial) para mantener el entusiasmo, pues produce cristianos que sufren de aburrimiento, cansancio o desánimo.

Parte dos: ¿Sabe usted hacia dónde va? representa mi punto de vista acerca de cómo este sistema de *auto-orientación* se formó por la combinación de los principios del mercadeo americano y de las buenas intenciones de los creyentes que buscan avanzar la causa de Cristo. Este sistema se concretó en tres métodos contemporáneos, cada uno tratando de revitalizar a la Iglesia: el método *tradicional*, el *pragmático* y el *emergente*.

Parte tres: Volver al futuro explica cómo *los métodos* para construir la iglesia en última instancia recortan a Jesús de la visión global de la Escritura. La mejor manera de restaurar a los cristianos hacia una fe vibrante es recuperar la *identidad* de la Iglesia como "el Pueblo de la historia", reconectándolos a nuestras *Raíces Sagradas*, articuladas en la Gran Tradición.

Estoy en deuda con el Rev. Dr. Don Davis, Director de El Instituto Ministerial Urbano y compañero vicepresidente de World Impact. Su visión y su tutela enmarcaron mi entendimiento, por lo que este libro es simplemente mi testimonio de su enseñanza, tal como ha sido confirmado en mi experiencia durante varios años. También estoy agradecido por las muchas horas de conversación con el Dr. Rick Durrance, pastor general de la Iglesia Emanuel. Sin su perspicacia yo no habría sido capaz de articular mis observaciones.

Mi angustia personal me llevó a un viaje en el que tuve que dejar a un lado el juicio para obtener visión acerca de mis suposiciones. Y fui sorprendido por la profundidad de esas presuposiciones. Por lo tanto, animo a los lectores a dejar a un lado el juicio hasta la conclusión del libro.

Sé que mis explicaciones vienen de mi propia experiencia y que muchos lectores podrían encontrarlas contradictorias a su propia opinión. Dado a que intento describir una amplia gama de períodos históricos y tradiciones cristianas, las limitaciones de espacio me obligan a hacer muchas generalizaciones. Mi resumen de la historia de la Iglesia, de los movimientos cristianos y las tradiciones religiosas son presentados con humildad, a fin de crear categorías claramente comprendidas que abran el camino para que Cristo sea exaltado y los cristianos aburridos restaurados a una fe vibrante.

A pesar de mis simplificaciones, oro que usted *sea sorprendido* por el ingenioso plan del Padre, *refrescado* por una apreciación más amplia del Señor Jesucristo, y que *confíe* en que su iglesia pueda experimentar una nueva aventura bajo la guía del Espíritu Santo.

Parte uno: Esta vida provincial

"¡Quiero algo más que esta vida provincial!"

- Bella, La Bella y la Bestia

....

La iglesia estadounidense está en decadencia porque el cristianismo ha sido reducido de "una participación de la Historia de Dios" a un sistema orientado hacia las necesidades personales de los individuos. Este sistema es muy pequeño y restrictivo (provincial) para mantener el entusiasmo, pues produce cristianos que sufren de aburrimiento, cansancio o desánimo.

Capítulo 1: ¿Por qué está llorando ese anciano?

EN JUNIO DEL 2005 programé una visita a Wichita con mi viejo amigo Brian, un pastor asociado del Medio Oste de Estados Unidos. Lo que empezó como un agradable fin de semana se convirtió en un acontecimiento histórico en mi vida.

Desde 1991, cuando fui llamado al servicio misionero con World Impact, he vivido en dos mundos. Durante años, mi esposa Cathy y yo habíamos sido voluntarios de World Impact, cuando de repente, con un preaviso de sólo unos pocos días, la organización me pidió que fuera su Vicepresidente de Administración. Con nuestro primer hijo (Ryan) en camino, no estábamos en condiciones de movernos abruptamente a la comunidad del centro de Los Ángeles donde vivían los otros misioneros de World Impact. Así que comenzamos nuestro trabajo en la ciudad viviendo a 12 millas de distancia, como miembros de una iglesia evangélica en Burbank.

Con los años, las diferencias entre mis dos mundos creció. Subconscientemente, sentí que la brecha era mayor. Mi experiencia en la iglesia local se volvía cada vez más superficial, escueta, menos estimulante, mientras que mi vida en el centro de la ciudad era retadora, emocionante y estimulante (a veces más retadora de lo que yo esperaba).

Algunos dirían que se trataba de una diferencia entre misioneros (que son serios y llamados por Dios) y una iglesia local (compuesta por creyentes comprometidos y pasivos). Pero yo sabía que era más que eso. Sabía también que muchos fieles creyentes en mi iglesia local llegaban a tal conclusión. Ellos amaban a Cristo, tenían una elevada opinión de Su Palabra y se preocupaban sinceramente por los demás. Yo sabía que se estaba llevando a cabo algo más profundo.

También comencé a escuchar rumores de otros líderes de iglesias de una variedad de denominaciones. Por ejemplo, un manual presbiteriano reportó sus observaciones acerca de la iglesia en los Estados Unidos: "Alrededor del 85% se auto-identifican como cristianos. Sin embargo, menos del 40% de los estadounidenses van a la iglesia con regularidad. Ellos creen que simplemente no van. No ven ninguna ventaja en ir. Ellos han tratado de ir a la iglesia ... pero han decidido quedarse en casa leyendo el periódico y beber una taza de café .... Más de 70 millones de personas en los Estados Unidos creen en Dios y se unirían a una iglesia ¡si pudieran encontrar una que les gustara!"[2]

George Barna escribió: "Habiendo salido de su iglesia por el aburrimiento y la incapacidad de servir con sus considerables habilidades y conocimientos, ellos pasaron algún tiempo explorando otras iglesias. Después de meses de esfuerzo honesto, ni encontrado un ministerio que fuera lo suficientemente estimulante ni tuvieron un impacto en la comunidad que les rodeaba".[3]

Reggie McNeal agregó: "Un número creciente de personas está dejando la iglesia institucional por una nueva razón. Ellos no se van porque han perdido su fe. Se van por preservar su fe".[4]

Al mismo tiempo, empecé a escuchar acerca de la explosión de la Iglesia en otras partes del mundo, tal como en América Latina, Asia y África. Por ejemplo, David Wells dijo:

> Aquí en Occidente, el cristianismo se ha estancado, pero en África, América Latina y partes de Asia está creciendo rápidamente, al menos estadísticamente. El centro de la estadística acerca de la gravedad de la Iglesia cristiana mundial se ha movido fuera de Europa y ahora se encuentra en el norte de África. Como resultado, el rostro del cristianismo está cambiando. Ya no es predominantemente del norte, europeo y anglosajón. Su rostro es el de los países subdesarrollados. Es, desde el hemisferio sur, predominantemente joven, sin educación, bastante pobre y muy tradicional. La pregunta en la que los occidentales deben meditar es por qué, a pesar de nuestros mejores esfuerzos de adaptación cultural en los Estados Unidos, Dios parece estar llevando su obra a otros lugares".[5]

Bob Roberts, lo resumió de esta manera: "A pesar de la libertad religiosa y de la aparición de las mega-iglesias, las iglesias postmodernas y las iglesias en hogares, nada ha detenido la ola del lento declive del cristianismo en Occidente. Continuamos declinando mientras simultáneamente la Iglesia de Oriente vive explosivamente como nunca antes visto".[6]

Mientras miraba de reojo este fenómeno, yo estaba cada vez más perplejo pero no lo suficientemente motivado para investigar las causas. Estaba muy ocupado con mi llamado misionero como para pensar mucho en ello. Entonces conocí a Brian en Wichita.

Él estaba pasando un tiempo difícil en su vida, sintiendo que la vida de la iglesia se hacía insostenible. Él todavía amaba a Cristo, pero la iglesia estaba minando sus fuerzas. Como pastor, la tarea de infundir vida en su iglesia era cada vez más difícil. Pasamos el fin de semana tratando de articular lo que ambos estábamos experimentando en nuestras iglesias locales.

Como muchas personas, Brian estaba cansado de las instituciones y rutinas que parecían bloquear una vida de restauración en Cristo. Él estaba desgastado por un sinfín de programas y prácticas que poco habían ayudado a llevar gente a Cristo.

A pesar de mi mejor esfuerzo para animar a Brian, no fue de mucha ayuda. Yo mismo estaba desanimado y frustrado por mi incapacidad de identificar las fuentes de nuestra consternación. Me despedí de él en el aeropuerto, saliendo sin una respuesta.

En el vuelo de regreso a Los Ángeles, decidí llegar al fondo del asunto. El desaliento de Brian cambió mi perspectiva. Esto ya no era teórico. *Era algo personal.*

Así que empecé una búsqueda precipitada de oración, estudio y diálogo. Traté de escuchar a todos los que pude. Le rogué a Dios que me ayudara a entender. Durante el segundo semestre del 2005, mi desaliento se agudizó mientras notaba a mis amigos cada vez más aburridos y retraídos. Me estaba hundiendo. Toqué fondo en diciembre del 2005 durante la producción teatral de Disney *la Bella y la Bestia*.[7]

Sentado con mi esposa y mis dos hijos, estaba sumido en mis pensamientos. Me pregunté: "¿Qué tiene la Iglesia estadounidense que produce tan poca profundidad y superficialidad? ¿Cuáles son las raíces culturales e históricas de este fenómeno?" Entonces, de repente, me di cuenta de que la cantante que representa a la Bella verbalizaba los sentimientos que estaban brotando dentro de mí: su decepción por la monótona tranquilidad de su aldea, su anhelo doloroso porque sus vecinos vivieran una aventuras fuera de su existencia mundana, y su urgida necesidad de escapar de su vida provincial.

Mientras escuchaba sus palabras acerca de "Esta vida provincial", tímidamente sequé las lágrimas de mis ojos, preguntándome si la niña que estaba a la par mía estaba susurrándole a su madre: "Mamá, ¿por qué está llorando ese anciano?" En ese momento, le pedí al Señor que me ayudara a salir de la vida provincial que yo estaba viendo en la Iglesia estadounidense.

No pasó mucho tiempo antes de que Dios respondiera a esa oración y todo empezó a venir junto. Empecé a ver dos patrones fundamentales que dieron forma a "esta vida provincial".

Capítulo 2: Recortando la imagen

LA HISTORIA DE la interacción de Dios con su creación está revelada en la Biblia. Hay una historia en las Escrituras que se mueve de principio a fin (de Génesis a Apocalipsis). El argumento de este drama está siendo vivido en la historia de la Iglesia hasta que Jesús regrese (ver Apéndice 1). Como dijo C. S. Lewis, "el cristianismo es la historia de cómo un rey legítimo ha llegado encubiertamente, y nos está llamando a todos a participar en una gran campaña de sabotaje".[8]

La imagen en la figura 1, representada por dos jugadores de baloncesto compitiendo, simbolizan esta comprensión histórica de la fe cristiana. El tema principal de la escena es el jugador que sosteniendo una pelota pasa a su oponente.

Figura 1: Imagen completa

Esta imagen ilustra la fe cristiana en la que el jugador que tiene la pelota representa a Cristo y el propósito de su reino: "El Hijo de Dios se manifestó para deshacer las obras del diablo" (1 Juan 3:8). El defensor representa al diablo, la figura clave del opuesto "reino de este mundo". La pelota en las manos del jugador representa a la Iglesia, de la cual Jesús es la cabeza.

En la imagen, el jugador ofensivo es el *tema principal*, el jugador defensivo es el *tema secundario*, y el balón es el *objeto*. En el relato bíblico del Reino, Jesús es el TEMA *principal*, el diablo es el *tema secundario*, y la Iglesia es el OBJETO.

Poco a poco, la Iglesia de EEUU cambió su visión de la historia del Reino de Cristo al "recortar" la imagen, pareciéndose a la figura 2.

Figura 2: Imagen parcialmente recortada

La imagen en la figura 2 es la misma de la figura 1, sólo que con una nueva perspectiva. Primero, se seleccionó y se enfocó *una parte* de la foto (la pelota), para excluir las otras partes. Segundo, mediante un proceso (recortar) se excluyó a los dos jugadores de la imagen, quedando sólo las manos del jugador (ver figura 3).

Figura 3: Imagen totalmente recortada

La imagen completa original (ver figura 1) fue eliminada poco a poco hasta que sólo quedó la foto recortada (ver figura 3). Este proceso no sucedió todo de una vez, se fue dando lentamente durante muchos siglos. Jesús dejó a un jugador en la foto, pero éste se convirtió en el "proveedor de mis necesidades", las *manos que sostienen la pelota*. Se convirtió en el **OBJETO** y ya no fue más el **TEMA** principal. Michael Horton dijo, "Para millones de estadounidenses, Dios ... existe para el placer de la humanidad. Él vive en el reino celestial solamente para nuestra utilidad y beneficio".[9]

El otro jugador de baloncesto, que representa al diablo y su reino, fue recortado también de la imagen. En diversos aspectos, "el reino de este mundo" de Satanás se volvió en gran medida irrelevante.

Lo que queda después del proceso de recortar es un *Ser* importante (la pelota), un Dios que existe para el cuidado de ese *Ser* (la mano que sostiene la pelota), y no hay más contexto para ver hacia *dónde está yendo esta historia*. No hay adversario. No tiene sentido. Es estático. Mientras sostiene la pelota, no está claro si el jugador de baloncesto está en acción o de pie.

Este proceso de "recortar" se llevó a cabo por los esfuerzos bien intencionados de cristianos sinceros que querían dar a conocer a Cristo y avanzar sus propósitos en el mundo. Pero su trabajo tuvo implicaciones imprevistas.

En primer lugar, durante muchos siglos, el **TEMA** dejó de ser Cristo como *el Señor Victorioso,* pasando a ser Cristo como *el Salvador de la Iglesia.* Luego, poco a poco, el **TEMA** pasó de Cristo, "el Salvador de la

Iglesia" a Cristo "mi salvador personal". Jesús fue degradado esencialmente de *el Señor Victorioso*, pasando a ser el *Salvador de la Iglesia*, llegando a ser mi salvador personal. Esto hizo que el *Ser* fuese el nuevo TEMA (individualismo).

En segundo lugar, se emplearon enfoques analíticos para simplificar el mensaje del evangelio para una mayor aceptación y para una comunicación de masas (racionalismo). Estas dos fuerzas históricas y culturales (el racionalismo y el individualismo) obraron juntas para *recortar a Jesús de la imagen* de su propia historia.

El proceso de "recorte" es más profundo que el egoísmo humano. La gente en *todas* las culturas ha sido egoísta. El egoísmo no es nuevo. Sin embargo, una *cultura orientada en el Ser* es una innovación reciente en los Estados Unidos. A los estadounidenses se les enseña a ser orientados en ellos mismos, y es poco probable que la cultura vaya a cambiar. Sin embargo, dentro de la cultura estadounidense orientada en el yo, los cristianos pueden elegir actuar o de forma *egoísta* o *altruista*. Las personas pueden ser egoístas, aún cuando viven en una cultura orientada hacia sí mismos.

Así que, el problema no es pedirle a la gente que sea menos egoísta. No es suficiente decir: "No se trata de mí, se trata de él" (no ser egoísta). Hay algo mucho más profundo que el altruismo. **El problema es que la historia es muy pequeña**. La solución es restaurar la historia a su imagen completa para que los cristianos puedan encontrar una nueva identidad, donde Jesús sea el TEMA otra vez.

Capítulo 3: Utensilio de recorte #1: El Individualismo

CON EL ÁNIMO de llevar a personas a Cristo, se han empleado enfoques innovadores para reducir el mensaje con tal de que éste sea fácilmente comprendido y comunicado. Usando métodos efectivos de publicidad norteamericana, los cristianos formularon una serie de formas para compartir el evangelio, resultando en un número incontable de personas que se entregan a Cristo. Sin embargo, estos métodos tuvieron consecuencias indeseables.

El oyente como el personaje principal

El proceso de simplificar la *Historia del Reino* omitió algunos de los elementos clave de la historia. Llevar el mensaje mediante una presentación hermética mantuvo a Jesús como el Salvador, pero creo el potencial de convertirse en el *centro* de la discusión. La evangelización se llevó a cabo para lograr que la persona "aceptara a Cristo" de tal forma que hiciera que los oyentes dedujeran que ellos eran el personaje central. En lugar de invitar a la gente a "unirse al Reino de Cristo", se usó un lenguaje que puso al *oyente en el centro*.

Desde su primer contacto con Cristo, los nuevos creyentes han sido entrenados para entender el Evangelio del Reino en una forma que esté orientada en el yo. El contraste entre "aceptar a Jesús en tu vida" y "participar en lo que Cristo está haciendo", es profundo.

Por ejemplo, la imagen de la figura 4 muestra cómo hay dos maneras de percibir algo. Si se mira el fondo blanco, el candelabro negro se hace obvio. Pero si se ve el fondo negro, se notarán dos caras.

Figura 4: Fondo blanco y negro

También, la imagen de la figura 5 podría ser una mujer joven mirando de lado, o una anciana que está de perfil.

Figura 5: Dos mujeres

Estos dos simples ejemplos ilustran cómo un mensaje puede ser entendido de una manera radicalmente diferente. Del mismo modo, los estadounidenses cambiaron la perspectiva, quitando a *Cristo* del centro para poner al *Ser* en el centro.

Un ejemplo llamativo es el posible malentendido de las *Cuatro leyes espirituales* de la <u>Cruzada Estudiantil y Profesional</u>,[10] una presentación usada por Dios en las últimas décadas para llevar a millones hacia la fe en Cristo (ver figura 6). El individuo (el círculo) puede interpretarse

LA VIDA DIRIGIDA POR CRISTO
† – Cristo en la vida y en el trono.
   y el Yo cediendo el lugar a Cristo
• – Intereses dirigidos por Dios lo cual
   resulta en armonía con el plan de Dios.

Figura 6: ¿El individuo o Cristo?

incorrectamente como el TEMA de la imagen, ya que es la mayor parte del gráfico (el tema principal de la conversación). Cristo, mientras está sentado en el trono de la persona, puede ser inferido como el OBJETO, porque la cruz es más pequeña que el círculo.

Las personas que miran esta presentación podrían erróneamente verse a sí mismos como el TEMA, y ver a Cristo como el OBJETO. "Yo y mi relación personal con Cristo" se convierte en el mensaje. Cristo y su reino se vuelve secundario para "mi toma de decisión individual acerca del papel que Cristo juega en mi vida". La invitación para *unirse a su Reino* puede perderse fácilmente en una persona que ya está viendo la vida a través del lente del Yo.

A pesar de la advertencia de la <u>Cruzada Estudiantil y Profesional</u> de que el pecado es lo que hace que la gente se ponga a sí misma en el trono, el observador puede inferir que *el Ser es el soberano*, el que está en la condición de usar o no a Jesús.

Esta noción ha sido reforzada a través de miles de libros, sermones, estudios bíblicos y programas radiales. Un constante régimen *de mí en el centro, con Cristo allí para ayudarme*, ha recortado poco a poco la imagen hasta que las personas se vean como el TEMA (la pelota), y Cristo como el OBJETO (las manos que sostienen la pelota).

Michael Horton dijo: "El enfoque aún parece estar en nosotros y nuestra actividad, en lugar de estar en Dios y su obra en Jesucristo. En todos los ámbitos, desde lo conservador a lo liberal, de lo católico romano a lo anabautista, de la Nueva Era a los Bautistas del Sur, 'la búsqueda de lo sagrado' en Estados Unidos está orientada en gran parte en lo que sucede dentro de nosotros, en nuestra experiencia personal, y no en lo que Dios ha hecho por nosotros en la historia".[11]

Poco a poco, la vida cristiana consistió menos acerca de los propósitos globales de Cristo y más acerca de la tarea específica de Cristo de salvar a la Iglesia de la condenación. Con el tiempo, ya ni siquiera se trataba de su Iglesia (con el "yo" como una parte crucial de la Iglesia). Más bien, la Iglesia es vista como una colección de cristianos individuales, cada uno con sus *propias relaciones personales con Cristo*, reuniéndose juntos para satisfacer sus propias necesidades.

El cristiano sin Iglesia

Para algunos, incluso la iglesia se convirtió en algo opcional y fue completamente recortada de la imagen. Recientemente, un grupo de cristianos entregó algunos tratados evangelísticos en la escuela secundaria donde mi hijo (Mark) asiste. Las páginas finales del tratado subrayaban la necesidad de *creer en Jesús, de orar, leer la Biblia y compartirla con otros*. La Iglesia nunca fue mencionada. Claramente, Cristo está "dentro", pero la Iglesia está "fuera".

La implicación es: "Si usted puede satisfacer sus necesidades sin la iglesia, ¿por qué molestarse? Si los libros, la televisión, la radio o podcasts (archivos de sonido distribuidos a través de la tecnología) pueden satisfacer sus necesidades espirituales personales, ¿por qué ir a una iglesia local?" George Barna nos provee un ejemplo impactante de cuánto se ha degenerado el *proceso de recortar*.

> Si usted se convierte en un revolucionario inmerso en, mínimamente envuelto en, o totalmente disociado de una

iglesia local, es irrelevante para mí (y, dentro de lo que cabe, para Dios). Lo importante no es con quiénes usted se asocia (es decir, una iglesia local), sino quién es usted .... La Biblia ni describe ni promueve la iglesia local como la conocemos hoy en día .... Sin embargo, ofrece orientación sobre la importancia de las disciplinas fundamentales para la vida .... En última instancia, esperamos que los creyentes elijan entre distintas opciones, tejiendo juntos un conjunto de alternativas favorables dentro de un único tapete que constituye la 'iglesia' personal del individuo .... Parece que a Dios no le importa cómo le honremos y sirvamos, siempre y cuando él sea el número uno y que nuestras vidas y nuestras prácticas sean consistentes con sus parámetros. Si una iglesia local facilita ese tipo de vida, entonces eso es bueno. Y si una persona es capaz de vivir una vida santa afuera de una congregación, entonces eso también es bueno.[12]

Para muchos como Barna, ser un "cristiano sin iglesia" ya no es algo dudoso, sino alentador. El problema es que la *historia de Cristo y su Reino* no tiene sentido fuera de una iglesia local. Gordon Fee, dijo:

Más que todo, la iglesia es un grupo de pecadores reunidos en Cristo, llenos del Espíritu Santo, en una misión ... De hecho, el Nuevo Testamento desconoce una salvación individualista; mucho de lo que Dios nos llama a hacer no se puede hacer sin la comunidad. Las personas siempre están seguras dentro de la comunidad. Ayudarse unos a otros, trabajar y orar juntos por una causa común, enseñarse unos a otros y apoyarse unos a otros en nuestras debilidades y pruebas, significa que estamos involucrados profundamente en la vida de los demás. La Iglesia no es un lugar a dónde asistir. Es una comunidad a la que pertenecemos.[13]

El papel de lo individual

La *imagen recortada* que hace del Ser el TEMA es una invención estadounidense reciente, que no tiene base bíblica. Aún así, algunos tratan de expresar la fe de esta manera: "Mi verdadero yo es conocido por lo que es único acerca de <u>mí</u>. La comunidad existe para que yo descubra quién soy. Cristo es <u>mi</u> salvador y la salvación me ofrece una relación personal de par en par con Dios, quien me habla de forma individual. Yo puedo decidir hacerlo o no el Señor de mi vida".

En contraste, una comprensión bíblica suena más como esto: "Mi verdadero yo es conocido por los grupos con los que estoy asociado, para que yo encuentre valor en mis conexiones con esos grupos, no en mis cualidades personales únicas. Yo tengo una responsabilidad para la comunidad; ésta no está allí sólo para satisfacer mis necesidades. Yo soy parte del cuerpo de Cristo, donde Jesús es la cabeza, por lo que la salvación me hace miembro de una comunidad, donde soy adoptado por una familia. Muy a menudo, Dios me habla a través de la comunidad, no sólo para mí personalmente. A través del bautismo, declaro públicamente mi lealtad al Reino de Dios como un signo permanente de compromiso con Cristo y su familia".[14]

Una miseria tácita

A pesar de que asisten cada vez menos, muchos creyentes permanecen comprometidos con la iglesia local. Sin embargo, si ellos lo admitieran, a menudo lo hacen sólo *por obligación*.

Basados en la creencia de que la fe cristiana trata acerca de *mí y mi relación personal*, los creyentes se acercan para recibir adoración, estudios bíblicos y comunión. Así que la pregunta clave para ellos es: "¿Cómo se aplica esto a mí?"

Esta postura que gira alrededor del *Yo* produce una variedad de respuestas internas: "A veces la iglesia es aburrida para mí. La iglesia no cumple con mis necesidades. Quizás yo debería encontrar una iglesia diferente. A veces no aprendo mucho cuando leo la Biblia. No me siento alimentado por este pastor. Los programas no se ajustan a mis necesidades. La gente no me está ayudando a crecer espiritualmente".

Las personas que hacen tales declaraciones demuestran que Jesús pudo haber sido *recortado de sus propias imágenes*. Sus problemas no son necesariamente un defecto de la iglesia, el pastor o los programas, sino de su *orientación en el Yo*. El individuo se ha convertido en el **TEMA** y Jesús se ha convertido en el **OBJETO**. Bob Roberts dijo: "El individualista, narcisista, consumidor de mentes, que se ha apoderado de la iglesia de hoy, nos está matando".[15]

Hay un video humorístico de este tipo de consumidor de mentes en youtube.com llamado <u>La Iglesia para llevar</u>.[16] Sería gracioso si no fuera tan dolorosamente *preciso*. En este pequeño episodio los conductores se detienen en lo que parece una ventanilla de comida rápida para llevar. Pero en realidad cada carro se detiene para ordenar lo que ellos desean de una iglesia. La persona en el altavoz les pregunta: "¿Cómo le podemos alimentar hoy?"

Una persona solicita un buen estacionamiento en la sombra; otro pide un sermón inspirador de 25 minutos, pero que no sea muy retador; una tercera persona pide tres cantos alegres, pero que no se salude a la gente nueva. Otro hombre llega y pregunta quién es el predicador del día. Cuando se le dice, "Pastor Wilkes", comienza a alejarse, diciendo: "Yo no estoy tan convencido de él". Cuando la voz del altavoz se retracta y cita a un predicador diferente, el hombre retrocede su carro y le dice: "Eso me gusta más".

Contrario a la "Iglesia para llevar" que produce cristianos aburridos, la imagen sin recortar de *Cristo y su historia* (ver figura 1) está produciendo vitalidad entre la gente pobre donde no hay una orientación cultural girando alrededor del *Yo*. Una perspectiva centrada en Cristo y orientada en el Reino dice: "Los servicios de la Iglesia no son para mí, son para honrar a Cristo. La Iglesia existe para cumplir con los propósitos de Cristo y la tarea del individuo es tratar de llevar a cabo dichos propósitos". Cuando se lee la Biblia y se escucha un mensaje la pregunta clave no es "*¿cómo se aplica esto a mí?*", sino más bien "*¿por qué es esto importante para Dios?*"

Los cristianos orientados en el Reino están felizmente comprometidos con sus iglesias locales, ya que se ven en un contexto más amplio, confiando en que Dios les guía y alimenta a través de sus pastores y maestros, perdonando a los demás cuando son ofendidos y entregándose a la adoración en lugar de enfocarse en el *Yo*. Una orientación en el Reino es vital para *eliminar el recorte de la imagen*.

Pero ¿qué es exactamente "el Reino de Dios?"

Capítulo 4: El Reino de Dios

EN EL CAPÍTULO ANTERIOR, el individualismo fue descrito como el cambio de orientación:

- de "Jesús y su Reino" al "yo y mi relación personal"
- de "los Reinos en conflicto" a "Jesús está allí para mí"

El individualismo fue la <u>decisión</u> para recortar a *Jesús y su Reino* de la imagen, haciendo de Jesús el OBJETO (las manos que sostienen la pelota).

En esta imagen totalmente recortada, el adversario está ausente. Pero el Reino de Dios sólo tiene sentido cuando hay un reino adverso. DeYoung y Hurty afirmaron: "Se ha dicho que todo el mundo es un escenario. En ningún sentido esto es más cierto que en el gran drama que está en juego, el cual podríamos llamar el 'conflicto de los siglos'. La trama en las Escrituras y la historia revela una guerra cósmica entre dos reinos en los que todos estamos jugando un papel de acuerdo con el plan de Dios. Es sobre este propósito del Reino de Dios en la historia que los escritores bíblicos han escrito e interpretado las Escrituras".[17] De hecho, el relato bíblico es toda una *historia acerca del conflicto entre el bien y el mal.*[18]

El Reino de Dios es la única acción continua de Dios para restaurar todo lo que fue destruido por la caída. En la encarnación de Jesús, el Rey vino a territorio enemigo. A través de la tentación y sus milagros, Jesús de Nazaret obtuvo una serie de victorias en contra del diablo.

Por su sangre, Cristo rescató a un pueblo para él mismo, y su resurrección fue un golpe demoledor en contra de las fuerzas del mal. El Reino ya está aquí (Mateo 12:28). Sin embargo, hay muchas rodillas que no se han doblado y muchas lenguas que no han confesado la realeza de Jesús (Flp. 2:10-11). Hasta que eso ocurra, el Reino no está totalmente consumado. Aún queda trabajo por hacer antes de que Jesús regrese para destruir al *reino de este mundo*. Por eso, es también el Reino del "todavía no".

El tema favorito de Jesús

La mayoría de los estudiosos coinciden en que el Reino de Dios fue el tema favorito de Jesús. Él se refiere al Reino 130 veces en los evangelios. Hay muchas buenas maneras de explorar, definir y discutir el Reino de Dios,[19] y ningún resumen debe ser definitivo. Sin embargo, la siguiente definición del Reino es de gran ayuda para mí:

El Reino de Dios es la progresiva expansión del vivificante gobierno de Dios sobre la creación, hasta que todas las cosas estén bajo su perfecta autoridad.

Esta definición tiene tres dimensiones que componen la historia general de la Biblia:

1. El trono. Jesús retoma su lugar legítimo en el trono como el Rey de todos. *"Los reinos del mundo han venido a ser de nuestro Señor y de su Cristo; y él reinará por los siglos de los siglos (Ap. 11:15)"*.

2. La conquista. Jesús destruye a su enemigo, el diablo, y le arroja al castigo eterno, junto con todos los que habían seguido al diablo.

"Luego el fin, cuando entregue el reino al Dios y Padre, cuando haya suprimido todo dominio, toda autoridad y potencia. Porque preciso es que él reine hasta que haya puesto a todos sus enemigos debajo de sus pies (1 Cor. 15:24-25)".

3. El rescate. Jesús rescata a un pueblo para que sea su propia novia. *"Él nos ha librado de la potestad de las tinieblas, y trasladado al reino de su amado Hijo (Col. 1:13)".*

En sus bien intencionados esfuerzos por reducir la historia a un mensaje fácil de comunicar, muchas tradiciones han minimizado los dos primeros aspectos (Trono y Conquista), centrándose casi exclusivamente en el tercero (Rescate), limitando una plena comprensión de la Escritura. En algunos casos, al Trono y la Conquista se les restó importancia a propósito, porque la gente se siente incómoda con esos aspectos de la historia. En cualquier caso, el Rescate (sin el Trono y la Conquista) se ha convertido en el corazón del mensaje cristiano en Estados Unidos.

Con el diablo puesto afuera de la imagen, el individuo (la pelota) adquiere mayor importancia que lo que se pretende, y la imagen no tiene mucho sentido. La imagen es demasiado pequeña. En lugar de centrarse en los aspectos generales de la historia (un Rey que recupera su trono frente a un adversario del mal), el énfasis ha estado en un Salvador *que salva al individuo.*

Si bien es cierto que el Rescate está realizándose, hay demasiado énfasis en el individuo, lo cual desdibuja la historia. El plan de Dios "incluye no sólo la reconciliación de las personas con Dios, sino la reconciliación de 'todas las cosas en el cielo y la tierra'. La redención de la persona está en el centro del plan de Dios, pero no es la circunferencia de ese plan".[20]

Dos puntos de vista del rescate

Otra forma en que la gente ha tratado de crear un mensaje más fácil de comunicar, es reducir los muchos aspectos de la victoria de Jesús sobre los poderes del mal (la expiación) a un acto representativo, es decir, su obra en la cruz para la *salvación personal.*

Sin lugar a dudas, la obra vicaria de Jesús en la cruz es el mayor logro de su expiación, y no debe ser disminuida de ninguna manera (Col. 1:20). Sin embargo, Jesús no sólo dio su vida en la cruz, sino también venció al diablo a través de su encarnación, su victoria sobre la tentación, su vida sin pecado, su clarificación de las enseñanzas del Antiguo Testamento, sus milagros de expulsión demoníaca, su delegación de autoridad a los discípulos, su resurrección y su ascensión. Él sigue conquistando al enemigo a través de su mediación como cabeza de la Iglesia y completará la conquista en su Segunda Venida[21] cuando ponga "todas las cosas bajo sus pies" (Ef. 1:22).

Jesús hizo mucho más que "destruir las obras del diablo" (1 Juan 3:8) que asegurar la salvación personal en la ¡gloriosa cruz! La obra completa de Jesús es mucho más que *mi rescate en la cruz.* Robert Webber señaló que "el sacrificio de sí mismo para la reconciliación del mundo ya se estaba produciendo en el seno de la virgen María".[22]

Durante los primeros 1000 años de la Iglesia, esta "multidimensional" apreciación de las muchas victorias de Jesús sobre el diablo fue reconocida por el título de *"Christus Victor"*[23] (el

Cristo Victorioso). En la Reforma, Lutero trató de revivir la idea del *Christus Victor*, enfatizando que la obra de Jesús no se limitó a la cruz, sino que continúa durante la era de la Iglesia.[24]

Pero en los últimos tiempos, la visión del *Christus Victor* prácticamente desapareció de la iglesia estadounidense, donde la obra de Jesús a menudo se redujo casi exclusivamente a su muerte y resurrección, como un medio para la salvación personal. Ignorando sus otros logros y reduciendo la cruz a la **salvación personal**, se ha *recortado a Jesús de la imagen*.

Implicaciones unidimensionales

Reducir la obra de Jesús *a la cruz (para la salvación personal)* tuvo grandes consecuencias para personas enfocadas en el Yo. Sugirió una visión estática y provincial de la vida. Por ejemplo, no fue descabellado concluir que "desde que Jesús hizo la obra en la cruz, toda la obra está hecha. Puedo aceptar a Cristo, llevar una vida moral y vivir una vida ética como *agradecimiento* por su Rescate (salvación personal). Mientras evite el pecado, aprenda cosas sobre la Biblia y comparta la historia del Rescate con los demás, mi deber está cumplido".

Llevando este error aún más lejos, algunos han concluido, "Ya que Jesús sufrió y murió en mi lugar, yo no tengo que sufrir. De hecho, siempre y cuando haga mi trabajo (evitar el pecado, retener la buena doctrina, compartir el evangelio y orar), Dios hará de mi vida algo bueno". Cuando estas suposiciones echan raíces, los creyentes son susceptibles a otras creencias, al libertinaje o la pereza. Cuando los pastores miran tal pérdida de disciplina, se sienten presionados a utilizar normas de culpabilización para motivar a la gente.

Por otro lado, ya que nadie puede hacer lo suficiente para mostrar un verdadero *agradecimiento* por su Rescate, las personas son presa fácil del legalismo y de una falsa culpa. Estas suposiciones erróneas ponen demasiada presión sobre las personas, creando desaliento. Se vuelven perezosas o sobrecargadas, cosa que no desea Dios para su Iglesia.

Implicaciones multidimensionales

Al centrarse en la amplia gama de la obra de Jesús antes, durante y después de la cruz, está claro que Jesús continúa hoy destruyendo las obras del diablo, a través de la Iglesia, el agente de su Reino (ver Apéndice 2). Sin embargo, la Iglesia no es el Reino, ni el Rey. Sólo Jesús "ha botado, destronado y, en última instancia, destruido todos los poderes del mal y restaurará el orden creado".[25] Dios está trabajando activamente para restaurar su Reino en la tierra y lo hace con o sin la participación intencional de su pueblo. Pero la Iglesia es el agente elegido de Jesús para llevar a cabo su trabajo en el mundo, mediante el poder del Espíritu Santo. La Iglesia es el **OBJETO** de la obra de Dios.

Por tanto, cualquiera que se arrepiente y cree, ahora está calificado para unirse a la Iglesia para destruir la obra del diablo hasta que Jesús regrese. Una vez salvo, la obra de una persona no ha terminado; *tan sólo ha comenzado* (ver Apéndice 3). El pecado debe ser evitado, no sólo como *agradecimiento* por el Rescate, sino porque pecar es ayudar e instigar al reino del enemigo. Cualquiera que ora "venga tu reino, hágase tu voluntad en la tierra como en el cielo", está pidiendo a Dios que expanda su gobierno a través de la Iglesia en esta era presente. Esta oración es una invitación para unirse a la batalla. Los cristianos son Rescatados porque hay una *tarea por realizar*. La Iglesia participa en la misión de Dios para realizar su Reino en la tierra. Dios santifica a los creyentes conforme a la imagen de su Hijo, haciéndolos cada vez más eficaces en la tarea de destruir las obras del diablo (Rom. 8:28-29).

Pero la Iglesia necesita armas para hacer la obra de Dios. El Espíritu Santo dota a los creyentes para hacer de la Iglesia más potente contra el reino de este mundo. "El Espíritu ha venido para facultarnos para continuar con la invasión del reino".[26] Todos los elementos de la vida de la iglesia tienen sus raíces en el continuo esfuerzo de revertir las obras del diablo de *robar, matar y destruir* (Jn. 10:10). La teología, la adoración, el discipulado y la evangelización deben integrarse en el propósito universal de la Iglesia para ser el agente del Reino victorioso de Cristo. A la luz de esto, la acción social y la evangelización personal son actividades importantes del Reino. **El evangelio debe ser demostrado y declarado.**

Desde esta perspectiva, el sufrimiento también puede ser entendido de manera diferente. Como Pablo, los creyentes pueden conocer la "participación de sus sufrimientos" (Fil. 3:10), al ser bautizados en su muerte. Este punto de vista no deja tiempo para la pereza o la comodidad, pues hay trabajo que hacer todos los días. Dado que Jesús libera a su pueblo de la religiosidad (Gal 5:1), hay libertad en Cristo para perdonar a los demás, ejercer los dones espirituales, buscar relaciones y formas innovadoras para hacer el bien en el mundo, sin sobrecargarse.

Al Dr. Don Davis le gusta decir que la historia del Reino debe producir una maravilla impresionante en su pueblo, que debe conducir a la adoración. Luego, los creyentes deben ser movidos a una obra sacrificial. **Una maravilla conduce a la adoración y la adoración conduce al obrar.**

Pero dado que Cristo alcanzará la victoria sobre el diablo en su Segunda Venida, los creyentes no deben presionarse a sí mismos para hacerlo todo. La vida cristiana puede convertirse en una vida dinámica y vibrante, llena de aventura, donde su pueblo contribuye a los propósitos de su reino con libertad y alegría. El Reino de Dios libera a los cristianos de "esta vida provincial".

Un centro único y coherente

Ha habido un debate sobre la existencia de un centro único y coherente, donde todas las *preguntas y los asuntos de la vida* que aparentemente no tienen relación, tienen sentido bajo una sola idea (ver figura 7).

Figura 7: Buscando coherencia

En la ausencia de un centro de coherencia primordial, el cristiano orientado en el Yo podría elaborar su propia versión de coherencia, haciendo "mi relación personal" el círculo que abarque las *preguntas y los asuntos de la vida*. El problema es que "mi relación personal" es demasiado pequeña para hacer sentido con todos los grandes misterios de la existencia (ver figura 8).

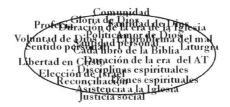

Figura 8: Coherencia a través de "mi relación personal"

Sin embargo, el Reino de Dios (*la expansión progresiva del gobierno de Dios sobre la creación, hasta que todas las cosas estén bajo su perfecta autoridad*) es una idea lo suficientemente grande como para dar razonable coherencia a todos los elementos de la vida. Por lo tanto, el **Reino de Dios es la clave para entender toda la Escritura y es el lente por el cual puede ser comprendida toda la vida** (ver figura 9).

Figura 9: La coherencia del Reino de Dios

El Reino de Dios sugiere que hay una tarea que cumplir que es más amplia que "mi relación personal con Dios". Jesús vivió, murió y resucitó por más que "mi salvación personal". Él tenía un Trono por restaurar y un enemigo a vencer (Conquista), y ahora quiere continuar su victoriosa campaña a través de las acciones de su Rescatada novia. Claramente, la meta de la historia de la humanidad es traer gloria al Hijo a través del establecimiento de su Reino (Ef. 1:19-23).

Durante muchos años los científicos han buscado lo que se llama el Teorema de la Gran Unificación (TGU), lo que podría explicar todo en una gran ecuación. El TGU es el intento de explicar lo que parece "inalcanzable, diverso y disyuntivo. Hará sentido con el universo físico. El Reino puede servir como TGU, no sólo de la Biblia, sino de todo lo que hacemos, pensamos y somos, de hecho, de toda la existencia y de todo el universo".[27]

En Efesios, Pablo resume el plan divino de la "gran unificación" diciendo que Dios *"nos ha dado a conocer el misterio de su voluntad, según su beneplácito, el cual se había propuesto en sí mismo, de reunir todas las cosas en Cristo, en la dispensación del cumplimiento de los tiempos, así las que están en los cielos, como las que están en la tierra" (Ef. 1:9-10).*

Capítulo 5: Utensilio de recorte #2: El Racionalismo

EL ESFUERZO POR reducir el evangelio a un mensaje sencillo condujo al individualismo. Sin embargo, hubo otra dinámica cultural que ayudó a *recortar a Jesús de la imagen*: **una tendencia a usar métodos de análisis enfocados en la mente (Racionalismo)**

El racionalismo, un producto de la Ilustración, intenta reducir las ideas a sus formas más simples. Utiliza la lógica y la secuenciación para organizar la información en sistemas.

El racionalismo no es una cosa mala

La Ilustración tuvo un efecto dramático en el mundo. Siglos de pensamiento analítico han producido avances maravillosos en medicina y tecnología, dando lugar a vidas salvadas y mejoras en la calidad de vida. Estos beneficios han sido uno de los instrumentos de Dios para recuperar lo perdido (Lc. 19:10), extendiendo la bendición a personas de todo el mundo, no sólo aquellos que están en el mundo desarrollado.

Por lo tanto, el racionalismo no es algo necesariamente malo. Sin embargo, el pensamiento analítico es sólo *una forma* de entender la verdad.[28] Como Cristo, uno puede crecer en sabiduría a través de los símbolos, las imágenes, las experiencias y la intuición, no sólo mediante el pensamiento analítico. El racionalismo hace ciertas suposiciones que no siempre favorecen al pensamiento bíblico. Asume que la mayoría de las preguntas tienen una respuesta, una causa y efecto. Mira al mundo como ordenado y transparente, donde la ciencia está equipada para desmitificar al universo. Los hechos son utilizados como un medio para analizar la realidad en cada una de sus partes. La mente racional desprecia al misterio y busca el conocimiento. El racionalismo valora lo que se puede ver y medir.

En un intento por difundir el evangelio, el racionalismo fue empleado para estructurar la amplia historia de la Biblia en simples declaraciones proposicionales que serían fáciles de memorizar y comunicar para los creyentes. A finales de 1800, se intentó hacer una lista de creencias fundamentales que los cristianos puedieran afirmar y comunicar, tales como la inerrancia de la Escritura, el nacimiento virginal y la salvación por gracia. La motivación fue buena, pero el uso del racionalismo en estos ejercicios tuvo implicaciones que no se vieron sino hasta en décadas posteriores.

Una fe razonable

El racionalismo sugirió que el cristianismo es razonable y que seguir a Cristo tendría el efecto natural de una buena vida. La implicación era: "los que quieran una buena vida deben buscar la verdad y vivir según la verdad".

Debido a esta suposición, el racionalismo empujó a los creyentes a tener razones lógicas para defender su fe. Se asumió que el cristianismo debía ser razonable y relevante ante otros que estarían de acuerdo con sus afirmaciones. Se les enseñó a los cristianos a valorar los esquemas, los argumentos lógicos y las declaraciones proposicionales. Esto tendía a motivar a los creyentes a defender su fe, especialmente si sentían que no estaban equipados para dar respuestas a preguntas intelectuales difíciles.

El problema del mal

Debido a que el racionalismo busca conexiones de causa y efecto, los estadounidenses tienen problemas para entender la existencia del mal. Las culturas que valoran al misterio por encima del racionalismo no luchan con el problema del mal, en contraste a los estadounidenses. De hecho, he observado el efecto del racionalismo, donde los cristianos que fueron sorprendidos por una tragedia, expresaron varias formas de creencia en una progresión lógica: "Pensé que si yo conocía la Biblia, si seguía los estándares éticos cristianos y si oraba, vendrían bendiciones; A + B = C. Pensé que la vida cristiana era lógica, previsible y estática".

Ed Murphy dijo que los cristianos creen que: "si vienen a Cristo, la vida será agradable a partir de ahí. Todo irá bien. Dios se convertirá en su sirviente divino. Él proveerá todas sus necesidades. 'Dios quiere hacerles feliz, pues Él está para prosperarles la vida'. Si están enfermos, Dios los sanará. Si necesitan un carro más nuevo y cómodo, lo recibirán con tan sólo pedirlo".[29]

La vida no funciona de esa manera

El problema con estos supuestos es que la vida es a menudo ilógica, impredecible y dinámica, lo cual es desconcertante para la mente racionalista. La fe cristiana se entiende mejor como un conflicto entre dos reinos, una batalla en la que los creyentes son los soldados de Cristo. Rick Wood habla de personas que no están al tanto de esta realidad:

Habrá una tremenda confusión y desilusión, cuando la verdad de esta realidad espiritual desconocida irrumpa en sus vidas. Es como una persona que compra un paquete de vacaciones a la Rivera francesa, quien espera un tiempo maravilloso de diversión y relax sólo para descubrir que al llegar hay una guerra con bombas, balas y heridos esparcidos en la playa. Una persona así, naturalmente pensaría: "¿Qué está pasando aquí? Esto no es para lo que me inscribí".[30]

A veces los creyentes no pueden conciliar las inevitables pruebas de la vida y se vuelven vulnerables a problemas psicológicos o dudas debilitantes, culpándose innecesariamente a sí mismos. Cuando ocurre un desastre, pueden carecer de categorías teológicas para hacer frente a su dolor, y sin una mayor comprensión de la batalla que existe entre los reinos, las circunstancias de la vida de las personas pueden distorsionar su visión de Dios y su Palabra. Con los poderes del mal *recortados de la imagen*, puede haber poca comprensión acerca de la guerra espiritual, dejando a los creyentes confundidos.

Francis Schaeffer dijo: "Aunque usted y yo hemos dado un paso del reino de las tinieblas al reino del amado Hijo de Dios, todavía estamos rodeados por una cultura controlada por el gran enemigo de Dios, Satanás. Debemos vivir en ella desde el momento en que aceptamos a Cristo como nuestro Salvador hasta que venga el juicio. Nosotros también estamos rodeados por el que alguna vez fue nuestro rey, pero que ahora es nuestro enemigo. Es simplemente tonto suponer que un cristiano no tenga guerra espiritual mientras viva en territorio enemigo".[31]

Como resultado del conflicto entre los dos reinos, la Iglesia está atrapada en un tiroteo cósmico. Mientras que los cristianos son *el objeto del amor de Cristo*, para el diablo las personas son simplemente *objetos*. El objetivo del diablo es hacerle daño a Cristo y su causa. Las personas no son de interés real para él. Satanás desea que las personas no vean la verdad de la salvación y que estén sujetas al sufrimiento. Para Dios, la gente es muy importante, pero para Satanás son simplemente peones en una gran campaña.[32]

Cuando ocurre una tragedia, los cristianos pueden estar resentidos con Dios, en vez de darse cuenta de que la fuente del mal viene del enemigo. Si Dios es visto como un Padre amoroso, que exime a su pueblo de toda fuente de dolor y sufrimiento, no es de extrañar que muchos se desilusionen y abandonen la fe. Para los que están orientados en el racionalismo, Dios no tiene sentido racionalista.

Pero aquellos que no están siendo estorbados por el racionalismo, plenamente conscientes de la dinámica del Reino, se encuentran mejor equipados para enfrentar los problemas con confianza y alegría (Santiago 1:2-4).

La verdad de la Biblia

Gracias a Dios, la Biblia no se limita al pensamiento racionalista. Si bien la Biblia es siempre la verdad y a veces usa declaraciones proposicionales, es demasiado profunda y significativa como para estar limitada *solamente a enfoques analíticos. Habla* a una mente analítica, pero no está limitada por la razón o la lógica.

En la Biblia, no todo problema tiene una clara respuesta. De hecho, muchas preguntas quedarán <u>inciertas</u> hasta que se den a conocer en el futuro. El libro de Job no da respuestas a un racionalista, a una mente de causa y efecto. Dios deja claro que no todo sufrimiento es causado por la persona que sufre o por alguien más. Podría haber ninguna *razón* aparente. La vida (según la interpretación de la Biblia) puede ser engañosa y ambigua, sagrada y aún misteriosa; donde lo falso se hace pasar por la verdad y las cosas no son siempre como parecen.

En lugar de poner los hechos en el centro, la Escritura pone la *soberanía de Dios* en el centro, con las personas y los hechos *bajo el gobierno de Dios*. Cristo es el actor central del drama, donde el conocimiento es sólo una parte del misterio más grande. La Biblia tiene mucho menos declaraciones proposicionales que una metáfora, una historia, un símbolo o una parábola. La fe cristiana no puede entenderse sin imágenes como corderos y leones, trigo y cizaña, ovejas y cabras. La Biblia lleva a las personas a lugares que están más allá de una descripción.

Los que siguen a Jesús afrontarán la incertidumbre, el sufrimiento y la aventura; confusa combinación del bien y el mal con desorden cósmico, hasta que él venga a poner todas las cosas en el lugar correcto. La verdad bíblica le da a la gente los medios psicológicos para manejar la dificultad, porque la Escritura no permite la construcción de categorías donde la gente pueda "comprender todo". La Escritura libera a los creyentes de esas tonterías. Los que tratan de dominar su mundo a través del racionalismo terminarán confundidos y desalentados.

La Biblia, sobre todo la enseñanza apostólica, es un testimonio de la historia de Dios revelada en Cristo. Los apóstoles fueron testigos oculares de esta historia. La Iglesia primitiva era no tanto una comunidad letrada de aprendizaje (racionalismo), sino un "Pueblo de la Historia". Preferían escuchar a un apóstol contar historias acerca de Cristo en lugar de *estudiar un documento teológico* acerca de él.[33]

Utilizando la verdad para beneficio personal

Robert Webber describe dos enfoques de la verdad.[34] En el primero la gente reconoce la verdad como objetiva y afuera de ellos. La verdad es una autoridad bajo la cual se someten con alegría, ya sea que ésta les ayude o no. Esta es la respuesta apropiada a la Palabra de Dios.

El segundo grupo utiliza la verdad como una herramienta para *controlar la vida o mejorar la vida*. Aquel que usa la verdad para su propio beneficio puede ser visto de dos maneras—**pragmático y terapéutico**:

1. Pragmático: "La vida cristiana es un sistema perfectamente racional para la vida. Cuando usted la acepta y vive por ella, usted realmente tiene la vida por la cola. Usted será capaz de soportar y encarar la vida".[35] Este tipo de racionalismo *pragmático* es reconocible en muchas áreas, incluyendo en el entrenamiento para la evangelización, en materiales de discipulado y en la instrucción para padres. Por ejemplo, las drogas y la actividad sexual no son algo malo porque Dios así lo haya dicho, sino porque esas actividades son dañinas y sirven de estorbo. Ellas no son pecaminosas, causando separación de Dios, sino simplemente son perjudiciales para el bienestar de alguien. Esto lleva a la gente a buscar razones pragmáticas para evaluar lo bueno o lo malo de los distintos estilos de vida, en lugar de vivir bajo la autoridad de la verdad de Dios.

2. Terapéutico: "Lo que usted necesita es una experiencia con Jesucristo. Cuando usted deje que él venga y tome el control de su vida, se sentirá mucho mejor. Todo estará en su lugar para usted y la vida será hermosa".[36] Este tipo de racionalismo *terapéutico* supone que una buena vida es un resultado de la verdad. Michael Horton escribió: "Otra forma de decirlo es que siempre preferimos darle a Dios un papel secundario en la película de nuestra vida, nuestra propia historia de gloria en lugar de ser parte del elenco en su drama de la redención. ¿Cómo puede Dios arreglar mi matrimonio? ¿Cómo puede hacerme un líder más efectivo? ¿Cómo puedo superar el estrés y manejar mejor mi tiempo y dinero?"[37]

Estos dos enfoques (pragmático y terapéutico) se apoyan en testimonios donde ser un cristiano le ha dado sentido a la vida de las personas, les ha salvado sus matrimonios o librado de una adicción. Esto da lugar a frases como: "Pruebe a Dios, déle una oportunidad a su vida. Acéptelo como Salvador y verá cómo su vida cambia". Webber dijo: "poco a poco comencé a entender que estas y otras frases han puesto afuera el evangelio. Comprendí el evangelio como Dios me lo pedía, dejándolo a él en el relato, para encontrar un espacio en mi vida para Dios. Ahora me doy cuenta que Dios me invita a encontrar mi lugar en su historia".[38]

El racionalismo ha *recortado a Jesús de la imagen*, convirtiendo el evangelio en un conjunto de doctrinas que cree que la vida saldrá bien. El siguiente capítulo explorará la influencia del racionalismo en el origen de una frase bien conocida y aparentemente benigna.

Capítulo 6: ¿Cómo se aplica esto a mí?

EL RACIONALISMO AYUDA AL individuo a hacer aplicaciones personales que puedan reducir la Biblia a una "guía para lo que yo necesito", resultando en la frase "**¿Cómo se aplica esto a mí?**"

Enfoques analíticos para el estudio de la Biblia

A muchos estadounidenses se les ha enseñado a enfocarse en versículos y capítulos individuales, sin leer el contexto más amplio de la obra redentora de Jesús para derrotar al enemigo. En lugar de ver una imagen acerca de la batalla cósmica, los cristianos están demasiado ocupados buscando detalles para tratar de ver el plan universal de Dios. Un enfoque analítico para estudiar la Biblia, *recorta de la imagen a Jesús y sus propósitos.*

Por ejemplo, Michael Horton dice: "Aparte de Cristo, la Biblia es un libro cercano. Leer con Cristo en el centro, es la mayor historia jamás contada. La Biblia se trivializa cuando se reduce a un manual de instrucciones para la vida. De acuerdo a los apóstoles—y Jesús mismo—la Biblia es un drama que se desarrolla con Jesucristo como su personaje principal".[39]

Desafortunadamente, el propósito de estudiar la Biblia a menudo está orientado en la *acumulación de información* acerca de la Biblia (transferencia de información). Por ejemplo, muchos cristianos confiesan que encuentran más satisfacción *en aprender* los tres términos griegos para la palabra amor, que en lo que ellos hacen para amar a las personas difíciles.

Estos son algunos de los enfoques analíticos para estudiar la Biblia:

⬧ Buscar versículos que inspiran.

⬧ Buscar versículos que hablan de lo que Dios ha prometido.

⬧ Buscar versículos que indican los mandamientos de Dios.

⬧ Buscar versículos que prueban una doctrina en particular.

⬧ Buscar versículos para controlar y/o corregir a otros.

Frank Viola, dijo: "Note cómo cada enfoque es tan individualista. Todos ellos le ponen a usted, al cristiano individual, en el centro.... Cada uno de estos enfoques se basa en un texto aislado. Cada uno trata el Nuevo Testamento como un manual y no nos permite ver su verdadero mensaje".[40]

Además, la mayoría de los occidentales asumen que la adecuada comprensión de la Biblia exige una experiencia lingüística o una educación formal, en lugar de la sabiduría y el discernimiento espiritual que están disponibles para todos los santos. Esto es curioso, dado al énfasis de la Reforma en el sacerdocio de los creyentes.

Para algunos, conocer la Biblia es una fuente de competencia y orgullo, una forma de ganar notoriedad por conocer las Escrituras mejor que otros. Para ellos, "el conocimiento es poder", y la adquisición de datos acerca de la Biblia puede incluso tomar el lugar de *conocer* a Cristo.

El racionalismo puede también dejar la idea a los creyentes de que la Biblia es aburrida, trivial o irrelevante, en vez de permitir que la Palabra agite sus corazones hacia una devoción a Cristo.

Sentirse impulsados por la aplicación personal
A los cristianos se les enseña encontrar una línea directa de aplicación desde la Biblia al *Yo*. El hambre y la sed continua de una aplicación personal directa para la vida diaria de uno, puede torcer el significado de la pregunta clásica del estudio de la Biblia "¿Cómo se aplica esto a mí?" en un ejercicio que hace del lector el TEMA, y no a Cristo. Respecto a *este enfoque*, Webber dijo: "A menudo, la interpretación de las bien intencionadas ideas personales es considerada como autoritativa, simplemente porque 'me hace sentir bien' o 'me da ánimo'".[41]

Si bien es cierto que hay muchas aplicaciones prácticas para la vida diaria, la Biblia fue dada como el relato de la historia redentora de Dios, no como una guía del usuario o un manual del propietario. Tal forma de pensar trivializa las Escrituras y tienta al lector a pasar por alto secciones enteras que "no se aplican a mí". Por ejemplo, he estado en estudios bíblicos sobre el libro de Efesios, donde los participantes estaban dispuestos a pasar por alto los capítulos 1-3 con el fin de "ir a las cosas más interesantes" en los capítulos 4-6 (donde hay más aplicaciones prácticas).

El sentirse impulsado por la aplicación personal puede hacer cristianos bíblicamente analfabetas. Ahora ya no hay diferencia entre un joven que *asiste* a una iglesia y uno que *no asiste*. Ya sea que crezcan en la iglesia o no, ambos pueden ser incapaces de explicar el drama bíblico y su protagonista.[42]

Yo era un ejemplo de ello. La Biblia que estudié en mis días de escuela secundaria es un ejemplo visual de mi inclinación por las partes más aplicables de las Escrituras. Me enseñaron a subrayar los versículos clave que eran de gran ayuda. Debido a que las epístolas eran tan "prácticas", terminaba leyéndolas y subrayándolas con más frecuencia. Eventualmente se caían todas las páginas desde Romanos hasta Judas. Mientras que los Evangelios y Proverbios estaban algo manchados, la mayoría de las páginas del Antiguo Testamento seguían siendo de color marfil claro, mostrando con ello que eran leídas en raras ocasiones.

Hay poca diferencia entre este tipo de negligencia respecto a las Escrituras y el intento infame de Thomas Jefferson de "cortar y pegar" su propia versión de la Biblia. Mark Batterson dijo: "Algunos de nosotros regañamos a Jefferson. *No se puede cortar y pegar. No se le puede hacer a la Biblia.* Pero la verdad es esta: si bien la mayoría de nosotros no podemos imaginarnos cortar físicamente con tijeras versículos de la Biblia, hacemos exactamente lo que Jefferson hizo. Ignoramos los versículos que no podemos comprender. Evitamos los versículos que no nos gustan. Y racionalizamos los versículos que son demasiado radicales .... Cada vez que estoy leyendo la Biblia y me encuentro con un versículo que no entiendo, noto que empiezo a leer muy rápido".[43]

Yo soy ese tipo de persona que le gusta el Nuevo Testamento
Los creyentes que dicen: "Yo soy más de este tipo de persona que le gusta el Nuevo Testamento" indican que han *recortado a Jesús de la imagen*. Jesús es el TEMA de toda la Escritura.[44] En el Antiguo Testamento Dios forma una familia en Abraham, una tribu en Jacob, una nación en Israel, un reino en David. La historia del pueblo judío es la historia de cómo Dios preparó al mundo para recibir al Mesías,

quien cumpliría todas las imágenes y las profecías del Antiguo Testamento. Jesús completa la historia de Israel para que el resto del mundo pueda participar de la herencia de los hebreos.

El Antiguo Testamento es la historia de la expectativa de Israel; el Nuevo Testamento la historia de la realización de Israel, donde toda la creación anticipa la Segunda Venida de Jesús, dando lugar a un nuevo cielo y una nueva tierra.[45]

"¿Cómo se aplica esto a mí?" es la pregunta que pudiera reprimir el profundo aprecio por la Palabra de Dios. La mejor pregunta es: *"¿por qué esto es importante para Dios? y ¿por qué quizo Él esto en su libro?"* El enfoque apropiado para el estudio bíblico es buscar el desarrollo del drama del Reino de Cristo, el cual pudiera no tener del todo una aplicación personal inmediata para el lector.

Enfoques analíticos para los servicios de adoración

Cuando la actitud del *cómo se aplica esto a mí* se extiende a una iglesia local, se convierte en un centro de recurso personal que existe para "satisfacer mis necesidades".

La adoración como un seminario

Cathy y yo asistimos una vez a un seminario sobre las diferencias que hay entre hombres y mujeres tocante al tema de la química cerebral. Pensamos que eso promovería una paz interior y una comprensión mutua. Yo terminé aprendiendo más acerca de los enfoques contemporáneos para la adoración que sobre la química cerebral (aunque ambos disfrutamos del estar juntos durante el día).

Con la experiencia de Cathy como audióloga, ella había asistido a decenas de seminarios para médicos, así que me dijo a qué debíamos atenernos. No habría mucho café y aperitivos para mantener a la gente despierta. No habrían bromas o ejercicios como modo de aprendizaje para la gente. Cada mesa tendría juguetes para atraer la atención de los oyentes. El tema tendría que ser interesante y el presentador perspicaz y entretenido, o los asistentes se desconectarían. El lugar debía tener un buen aire acondicionado y una buena iluminación para crear un ambiente propicio para el aprendizaje. Finalmente, dijo Cathy, podría haber una evaluación al final para garantizar que la información fue bien presentada y que la gente realmente ha aprendido algo que podría aplicar en la vida real.

No es sorprendente que el seminario ocurriera tal como Cathy lo predijo. Después de que todo había terminado, hablamos de lo que habíamos aprendido, de la presentadora, la comida, el contenido del seminario y si había alguna aplicación directa para nuestras vidas. Nos alegró que no nos diera sueño. Pasó la prueba de un seminario exitoso.

Pensándolo bien, se me ocurrió que los criterios que Cathy y yo usamos para evaluar nuestro seminario, son idénticos a los que los estadounidenses usan cuando evalúan un servicio de adoración:

◇ Un tema pertinente dado por un presentador experto e interesante
◇ El entorno de aprendizaje adecuado, con asientos confortables y un buen aire acondicionado
◇ Actividades rompe hielo previas al inicio de la enseñanza
◇ *Transferencia de información* como el objetivo principal del evento, presentada de forma que pueda ser fácil de recordar y aplicar

Usando estos criterios, los pastores se han convertido en *coordinadores de seminarios*, en entrenadores personales para ayudar a las personas a vivir la vida cristiana. Cada domingo se ha convertido en un seminario de "cómo seguir a Jesús", donde el predicador es el artista y las personas son espectadores silenciosos.

La adoración como celebración

Nuestra experiencia del seminario me hizo pensar acerca de *cómo deben ser* los servicios de adoración. Si el servicio de adoración no es un seminario, ¿qué debería ser? Todas las reuniones de adoración deben ser una *celebración*, ¡no un seminario! Los servicios de adoración son para Dios, no para el pueblo. Jesús debe ser el foco de una alegre conmemoración de sus victorias pasadas, su presencia gloriosa y su futuro retorno.

En las *celebraciones*, las actividades giran en torno a la *persona que se celebra* (el invitado de honor). La música, la decoración y los temas son elegidos en base al *invitado de honor*, no en base a los celebrantes. La satisfacción no viene por lo que cada celebrante "obtenga del servicio de adoración", sino por presenciar el gozo de la persona que está siendo honrada.

Virtualmente, nadie debería molestarse si las sillas estaban incómodas, si había mucho calor en el templo o si la música no fue de su agrado. Siempre y cuando el invitado de honor haya disfrutado del evento, el servicio de adoración es considerado como un éxito. No debería haber ninguna expectativa de un sermón elocuente, de una aplicación directa y personal para la vida de los celebrantes, ya que el motivo de la reunión era *exaltar al invitado de honor*.

Cuando los servicios de adoración se convierten en una *celebración* de la historia, el pastor es solamente *un anfitrión del evento* en lugar de un *coordinador de seminario*. Jesús se convierte en el centro de atención. La música es elegida para beneficio de Dios, no para los que celebran en las bancas. Todas las actividades, incluyendo la enseñanza, los cantos, la comunión, los testimonios y los anuncios, están preparados con excelencia *para beneficio del Señor*, no para agradar a una audiencia que anda en búsqueda de un seminario. La adoración se convierte en una reunión para cantar, contar historias del pasado, escuchar testimonios sobre el presente y para ver hacia un futuro glorioso cuando Él regrese para salvar a su pueblo.

Cada vez que los cristianos se reúnen, deben celebrar la obra pasada, presente y futura de Dios.

El problema es que los cristianos han sido entrenados para ir a la iglesia para recibir un seminario. Ellos han sido entrenados para recibir una exposición de la Escritura estructurada, metódica, versículo por versículo, lógica, con una aplicación directa para sus vidas. Si el servicio de adoración no satisface sus expectativas de un seminario, ellos podrían no volver a la iglesia. Pueden elegir una iglesia diferente con un mejor programa tipo seminario, u optar por asistir a una clase de escuela dominical para adultos y pasar por alto la adoración colectiva por completo. O ellos podrían sentarse en la banca y orar para que mejoren las habilidades homiléticas del pastor, tal como un espectador lo haría en un seminario que no es muy atractivo, distraído por pensamientos como, "nuestra participación sería mayor si nuestro predicador fuera más dinámico".

Esto tiene que decepcionar a Aquel que dio su vida para liberar a su rebaño. Aunque las personas fueron creadas para adorar a Cristo en celebración, muy a menudo Dios es deshonrado porque su pueblo ignora al Invitado de Honor, convirtiendo los servicios en seminarios de crecimiento personal.

Los servicios de adoración *no son* ocasiones para rellenar el tanque espiritual de los oyentes, facultándolos para ir al mundo con una determinación renovada. Más bien, la adoración es un momento para recordar que la Iglesia es el **OBJETO** de los propósitos de Dios (la pelota). Es un tiempo para redescubrir la Gran Historia en la que todas las personas han sido invitadas. Cada vez que las iglesias se reúnen para adorar a Cristo, tienen la oportunidad de "presionar el botón de reajustar", para reorientar sus vidas en torno al **TEMA** real de la Historia.

Curtis y Eldredge dicen que durante siglos la Iglesia consideró al evangelio como "un drama cósmico cuyos temas permearon nuestras propias historias y juntaron todas las escenas en una plenitud redentora. Sin embargo, nuestro enfoque racionalista de la vida, el cual ha dominado la cultura occidental durante siglos, nos ha despojado de dicho drama, dejando una fe que es poco más que un mero hecho de historias".[46]

El estudio de la Biblia y los servicios de adoración pierden su impacto cuando Jesús es *recortado de la imagen*. La pregunta: "cómo se aplica esto a mí", debería sustituirse por: "**¿Por qué esto es importante para Dios?**"

Capítulo 7: ¿CHICO o ÉPICO?

EN LOS CAPÍTULOS ANTERIORES, se argumentó que el individualismo y el racionalismo son los dos culpables que producen aburrimiento en la iglesia estadounidense. En la figura 10, el individualismo y el racionalismo son expresados como un punto de vista "**CHICO**".

Una visión limitada de la fe cristiana (CHICO)

Contemporáneo (C): La postura de la vida cristiana, principalmente en llenarse de información, practicar una ética personal y esperar hasta que Jesús regrese.

Hablado (H): El mensaje de la verdad se hace principalmente a través de palabras, declaraciones proposicionales, la lógica y esquemas.

Individualista (I): El aspecto central de la vida de un creyente es "mi relación personal con Cristo". El principio central de organización es la salvación y la santificación personal. Cristo es "mi salvador".

Cognoscitivo (CO): La verdad está dirigida principalmente a la mente.

Figura 10: CHICO

Por el contrario, la historia del Reino se expresa como un punto de vista "**ÉPICO**" (ver figura 11).

Una visión más amplia de la fe cristiana (ÉPICO)

Experimental (E): La verdad del Reino es experimentada por la totalidad del ser (mente, voluntad, emociones), no sólo por la mente. *Es mental ... y mucho más.*

Participativo (P): Un cristiano es un representante de la obra del Reino de Cristo, trayendo victoria sobre el reino del diablo a través de la Iglesia. Los creyentes no son espectadores estáticos esperando la muerte, sino participantes en la actividad dinámica del Reino. *Es contemporáneo ... y mucho más.*

Imágenes (I): El uso del racionalismo es bastante limitado para ser el único medio de entrega de la verdad. Las imágenes son de uso frecuente en la Biblia y deben ser empleadas como medios para teologizar, adorar, discipular y evangelizar. *Tiene que ver con el hablar ... y mucho más.*

Cristo-céntrico Orientado (CO): La persona no es el **TEMA**. El propósito de Jesús y su Reino es el **TEMA**. Cristo no es solamente "mi salvador" sino también "El Salvador". *Incluye a personas, pero trata principalmente del Reino de Cristo.*

Figura 11: ÉPICO

Es importante destacar que varios de los elementos del enfoque CHICO no son *malos ni heréticos*. Hay aspectos contemporáneos, lingüístas, individualistas y mentales importantes de la fe cristiana. Sin embargo, hay un **borde grueso** colocado alrededor de CHICO que causa problemas (ver figura 12). Si el borde fuera eliminado, permitiendo una visión más amplia, se convertiría en ÉPICO.

Individualismo y Racionalismo: Enfoque CHICO **Reino e Historia: Enfoque ÉPICO**

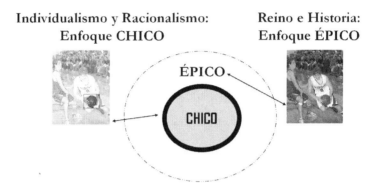

Figura 12: Puntos de vista CHICO Y ÉPICO

El enfoque CHICO (con un borde grueso) es demasiado estático, provincial, limitado, no permitiendo producir una fe cristiana vibrante. No le "quita el aliento" a las personas. Lo ÉPICO es un acróstico que describe un punto de vista más amplio y comprensivo, que fomenta una vida cristiana dinámica y vibrante.

Implicaciones del enfoque CHICO

Un enfoque CHICO conduce a una mentalidad enfermiza. Cuando *mi satisfacción y salvación personal* se convierten en el principio fundamental de la vida, es porque la auto-realización ya ha sustituido al señorío de Cristo. El sufrimiento se convierte en el principal problema a evitar, y la terapia es la respuesta para erradicar cada problema. Si el YO es el centro, y un consejero está capacitado para analizar los problemas usando el racionalismo a través de soluciones de causa y efecto, la terapia se convierte en una respuesta lógica para todas las situaciones. Este es el por qué los Estados Unidos tiene más consejeros que bibliotecarios y una tercera parte de los psiquiatras del mundo.[48]

Si bien hay muchos casos de enfermedad mental donde la consejería profesional es útil, muchos de los estadounidenses no tanto necesitan una terapia sino *una perspectiva más amplia de ellos mismos que venga de afuera*. Ellos necesitan trascendencia, no tanto preocuparse con el Yo. Hoy día es aceptable ser narcisista, incluso en la iglesia. La gente ya no se avergüenza de admitir su narcisismo. "Sentirse bien con uno mismo" está reemplazando la necesidad del cristiano de arrepentirse y pedir perdón por las cosas pecaminosas que hace.

Los creyentes están buscando profundamente en ellos mismos, o buscando un significado en los deportes, las compras, la política, la música, el sexo o incluso en la iglesia. Curtis y Eldredge dicen: "Todas estas pequeñas cosas ofrecen una muestra de significado, aventura o conectividad. Pero ninguna de ellas ofrece la realidad; no son lo suficientemente grandes. Nuestra pérdida de confianza en algo más importante es la razón por la cual demandamos gratificación inmediata. Necesitamos el sentido de vivir hoy, porque el hoy es todo lo que tenemos. Sin un pasado que fuera planeado para nosotros y un futuro que aguarde para nosotros, estamos atrapados en el presente. No hay suficiente espacio para nuestras almas en el presente".[49]

No es de extrañar que la gente se aburra. Están distraídos por su propia autoevaluación. Cuando buena cantidad de gente adopta el enfoque CHICO, una iglesia se convierte en un club de buenas personas que se reúnen periódicamente para aprender más acerca de Dios. El resultado inevitable es la complacencia, el aburrimiento y el desánimo. *La vida basada en lo CHICO es una vida estática.*

Implicaciones del enfoque ÉPICO

Un enfoque ÉPICO es una vida de perpetuas oportunidades. Cada día promete una gran cantidad de maneras de unirse a Cristo en su esfuerzo por derrotar el reino del enemigo, haciendo el bien en el mundo. Los cristianos pueden dar un vaso de agua fría a una persona, confortar en un duelo, alentar a los débiles y confrontar al perverso en medio del desaliento y el dolor, adoptar a un niño, obrar con excelencia, servir a sus familias con actos como limpiar la casa, proporcionar atención médica, ayudar a los pobres, mostrar misericordia y compasión, colocar las sillas en la iglesia, compartir las buenas nuevas de salvación, llevarle comida a un vecino, escuchar a una persona herida sin ofrecer una solución, proteger al vulnerable, abogar por los ancianos o los inmigrantes, defender a la gente en contra de bromas crueles o étnicas, resistir la tentación, impartir justicia en el ámbito público, o contender por la fe que fue dada una vez a todos los santos. Esta lista interminable podría seguir y seguir.

Un punto de vista ÉPICO ayuda a los cristianos a ver que Dios está obrando en todas partes. El Espíritu Santo está ocupado glorificando a Cristo y capacitando a su pueblo para hacer buenas obras en todo el mundo. El Padre está activo en los eventos de la historia. El Hijo está mediando a favor de la Iglesia. Las tres personas de la Trinidad están activamente reconstruyendo lo que el diablo destruyó. Puesto que Dios está actuando a través de la Iglesia, las relaciones son restauradas, las adicciones son rotas, el amor es expresado, las personas solitarias experimentan camaradería y los quebrantados de corazón encuentran esperanza.

Por lo tanto, un estilo de vida ÉPICO es un persistente y gozoso compromiso contra todo lo que causa dolor y pérdida. La Iglesia está constantemente en movimiento, tratando de transformar lo feo en algo hermoso. Los cristianos ÉPICOS están dispuestos a disfrutarse unos con otros, a dar la bienvenida a nuevas personas en su comunidad y a vivir la vida llena del Espíritu de amor, gozo, paz, paciencia, benignidad, bondad, fe, mansedumbre y templanza.

Un enfoque ÉPICO ayuda a la iglesia a operar como un ejército en medio del conflicto espiritual, caminando junto al Espíritu Santo, representándole con honor y usando la libertad en Cristo para ser creativos en la evangelización del mundo.[50] Este tipo de perspectiva resulta en audacia, propósito, valentía y un sentido de urgencia.

Un video acerca del "cómo" versus una historia épica

El enfoque CHICO hace hincapié en las declaraciones proposicionales, los esquemas y la lógica lineal que apela a la mente, como un video comprado en Home Depot (cadena de ferreterías en los Estados Unidos) acerca de "cómo construir una cubierta". De hecho, una forma de reconocer una mentalidad CHICA es reflexionar sobre la manera en que una persona lee este mismo capítulo. Un enfoque CHICO se limita al análisis del significado preciso de cada concepto, frase y palabra (lingüístico-mental), en un intento de llegar a la verdad racionalista.

Sin embargo, un enfoque ÉPICO no se limita a los esquemas y la lógica, sino que emplea imágenes, metáforas y narraciones como otras formas de comunicar la verdad, pareciéndose más a *Las Crónicas de Narnia* que a un video sobre *Pasos para hacer tal o cual cosa*. Por ejemplo, una lectura ÉPICA de este capítulo incluiría un análisis racionalista, pero también trataría de entender el panorama general y cómo los conceptos encajan en un esquema o una narrativa más amplia de la gloria de Dios.

Categorías versus Integridad

Debido a que el racionalismo pretende reducir las ideas a partes y separarlas en categorías, el enfoque CHICO destaca las actividades como "sagradas" o "seculares". Por el contrario, una visión ÉPICA busca integrar la vida como un todo. Puesto que Jesús es el Señor de toda la vida, la vida del Reino no se limita a "actividades religiosas", sino que abarca cualquier actividad donde Él sea su representante.

Así que, relajarse con los amigos es la vida del Reino. Apreciar el regalo de Dios de una buena taza de café es la vida del Reino. Llevarle comida a un vecino es la vida del Reino. El Reino consiste en *vivir la vida bajo el reinado de Cristo*, llevando relaciones en gozo y paz (Rom. 14:17). **¡Los cristianos pueden vivir la vida juntos, como si el Reino estuviera presente!**

Ortodoxia versus Ortopraxis

Las virtudes principales del enfoque CHICO son conocer (racionalismo) la doctrina correcta y aplicarla a la vida personal de alguien (individualismo), no tanto para ser de impacto en las relaciones interpersonales. Sin embargo, una comprensión ÉPICA busca *aplicar la doctrina* a fin de tener una *relación correcta* con Dios y con los demás. Estar *correctamente relacionado* es la meta; y la doctrina es un medio para ese fin. En otras palabras, la creencia correcta (ortodoxia) sirve para tener relaciones correctas (ortopraxis).

Una lectura defensiva de la Biblia

En un mundo CHICO, los cristianos deben ser buenos en apologética, tener respuestas lógicas para cada pregunta, desde la evolución hasta el pensamiento postmoderno. Cuando yo estaba en la universidad, creí tanto en esto que pensé que lo mejor que podía hacer para Dios era obtener una maestría en apologética.

Supuse que el más alto llamado era tener respuestas a todos los retos de los escépticos sobre cualquier número de cuestiones científicas, filosóficas o políticas. Mientras que tal erudición es útil para dar confianza al creyente respecto al evangelio, a veces puede conducir a una forma distorsionada de ver las Escrituras. Por ejemplo, me encontré leyendo la Biblia para probar su exactitud histórica y científica, no tanto para saber cuál era el punto principal de la historia de Dios. A esto le llama Webber una *lectura defensiva de la Biblia.*[51]

He leído la historia de la creación del Génesis en una forma defensiva, como un reporte que solamente prueba la veracidad de la Biblia y la existencia de Dios, pasando por alto la belleza de la obra y la visión de Dios para el mundo. Yo estaba tan distraído por el "cuándo y el cómo de la creación", que *recorté al Espíritu Santo de la imagen de su creación.* Mi estilo defensivo me hizo perder el corazón del mensaje de la Biblia, convirtiendo a las Escrituras en algo aburrido.

En lugar de una lectura defensiva de la Biblia, los creyentes tienen que estar fundamentados en la *historia del Reino*, la cual hasta los niños pequeños pueden entender y articular. No necesitamos tener una gran educación para convencer a otros, usando argumentos racionalistas. Los cristianos simplemente pueden presentar la historia con claridad. Los apóstoles no eran muy educados, pero con valentía informaron *lo que habían visto*. Ellos fueron testigos oculares y embajadores (1 Juan 1:1-3). Los cristianos pueden hacer lo mismo, liberándose del temor y de una lectura defensiva de la Biblia.

El estado del mundo

Un enfoque CHICO también puede resultar en una ansiedad por el estado de los acontecimientos actuales, mientras que un enfoque ÉPICO se concentra en la *certeza del triunfo del Reino sobre todos los reinos de este mundo* (Apocalipsis 11:15), resultando en una mayor tranquilidad de espíritu. Un punto de vista ÉPICO produce libertad, porque el énfasis está en el logro *de Cristo*, no en los logros *del individuo*. Los creyentes tienen la victoria, pero ésta *depende totalmente de Cristo*. La vida es más sencilla cuando Jesús es el centro, pero más complicada cuando el YO es el foco. El enfoque CHICO *recorta a Jesús de la imagen*, haciendo a la persona el TEMA. El enfoque ÉPICO "no recorta la imagen", restaurando a Cristo como el TEMA.

Vivir "en Cristo"

Un poderoso ejemplo de un enfoque ÉPICO es *El Señor de los Anillos*, de J. R. R. Tolkien, que narra la historia de un grupo de valientes amigos, llamados a un viaje peligroso para poner fin al mal que ha vencido al mundo. Esta historia épica ilustra la dependencia que el cristiano debe tener en Cristo como el campeón. Dos de los héroes

(Merry y Pippin) son unas criaturas llamadas "hobbits", que son pequeñas en estatura pero apasionadas de corazón. Separados de su grupo, estos hobbits son rescatados por unos árboles gigantes que tienen vida (los ents), que les proporcionan refugio para protegerlos de sus enemigos y alimentos para sustentarlos. Cuando la batalla se desata, los hobbits tiran piedras a los enemigos desde las copas de los árboles de los ents. Los hobbits estaban facultados para destruir al enemigo, ya que estaban encaramados dentro de los poderosos ents.

De la misma manera, cuando las personas se sitúan (bautizados) "en Cristo", están facultadas para hacer la obra del Reino y experimentar la capacidad, la protección y la libertad de manejo que sólo el *Christus Victor* puede proveer.

Así como Merry y Pippin encuentran refugio y sustento por medio de su colocación (el bautismo) en los ents, los cristianos encuentran su fuente de poder y de refugio "en Cristo". Jesús pelea una batalla por su pueblo, la cual no pueden ganar por sí mismos. Es porque están "en Cristo" que pueden participar en la caída del enemigo.

Un enfoque CHICO *recorta a Jesús de la imagen*. Una perspectiva ÉPICA restaura a Jesús a su lugar correcto, proporcionando a los creyentes propósito, buena salud mental, aprecio por la Biblia, menos ansiedad sobre el estado del mundo y un lugar seguro desde el cual se enfrente la batalla del Reino.

Como Mark Batterson dijo: "Él ciertamente no murió en la cruz para domarnos. Murió para hacernos peligrosos. Murió para invitarnos a una vida de aventura espiritual".[52]

Capítulo 8: Aburrimiento y ajetreo

EL ÉNFASIS RACIONALISTA DEL ENFOQUE CHICO acerca de separar las categorías en componentes (especialmente "lo secular versus lo sagrado"), mezclado con una visión errónea de la expiación ("ahora que soy salvo, la obra ya está hecha"), puede resultar en patrones poco saludables de aburrimiento o ajetreo.

Reunidos y dispersos

Cada iglesia es una comunidad que se "reúne y se dispersa" a la vez. Stevens dijo: "la iglesia es un ritmo de reunión y de dispersión, tal como la sangre del corazón se reúne y se dispersa en el cuerpo humano".[53] La iglesia se reúne para la adoración, el compañerismo y el servicio a los demás ("adentro de la iglesia"), luego se dispersa en la comunidad ("afuera de la iglesia").

CHICO

Bajo el enfoque CHICO, la brecha entre los reunidos (adentro) y los dispersos (afuera) es muy amplia. Las categorías son distintas. Para muchos, los eventos sagrados suceden *adentro* (en la escuela dominical o reuniones de oración) y los eventos seculares ocurren *afuera* (en el trabajo y la recreación).

Adentro es donde los individuos llenan sus necesidades espirituales a través de la iglesia. La iglesia es el "lugar" para recibir lo que Dios otorga para "mi relación personal". El número de actividades espirituales que suceden *afuera* es pequeño. Si hay alguna actividad espiritual *afuera*, a menudo se limita a devocionales personales o familiares, que suelen enfocarse en la "transferencia de información" (racionalismo).

Adentro es donde están la mayoría de las oportunidades de servicio, tales como ser ujier, enseñar, establecer comunión o llevar las finanzas. Estas oportunidades se encuentran en la propia iglesia (*adentro*) y son realizadas por unos pocos que tienen grandes capacidades para llevarlas a cabo. Algunas actividades ministeriales que se realizan *afuera* suelen delegarse al personal asalariado o a los misioneros.

El tiempo invertido *adentro* se limita comúnmente a tres horas en un domingo por la mañana, dos horas para realizar un estudio de discipulado a mediados de semana y una hora para algún trabajo de voluntariado en la iglesia. Los cristianos se describen a sí mismos como "yendo a la iglesia" (*adentro*) y "viviendo la vida" (*afuera*).

Algunas personas encuentran esta rutina <u>aburrida</u> porque ellas "marcan tarjeta" cada semana al ejercer sus labores. Sin embargo, la persona <u>ocupada</u> se siente culpable de no producir más de lo que podría hacer: "Yo debería hacer más en la iglesia; debería leer la Biblia y orar más; debería compartir más mi fe". La vida se vuelve abrumadora porque ellos nunca tienen tiempo suficiente para cumplir con sus obligaciones espirituales.

ÉPICO

Mientras que las categorías *adentro* y *afuera* pueden ser útiles, un enfoque ÉPICO busca difuminar estas distinciones, donde los cristianos se ven a sí mismos como embajadores que representan a

Cristo a donde quiera que vayan, sabiendo que su congregación local es "el agente del Reino" en sus comunidades. Esto presenta una gama más amplia de oportunidades de ministerio a través de las obras, el tiempo de ocio, los pasatiempos y las relaciones.

Por ejemplo, el Reino está avanzando cuando un hombre escucha con amor a su esposa, cuando un político hace su trabajo con integridad, cuando un maestro de escuela se actualiza, cuando una madre da la bienvenida a sus hijos al llegar de la escuela, cuando un vecino juega a las damas con un anciano, o cuando un corredor de bolsa ofrece un sabio consejo. Todas estas actividades representan a un Rey que quiere volver a ganar lo que estaba perdido (Lucas 19:10).

Estas acciones van más allá de lo que normalmente se considera "espiritual", abarcando todos los aspectos de la vida. Por definición, todas las horas que son invertidas en el ministerio. La pregunta no es si las personas están *ministrando* o no; la única pregunta es si están ministrando *bien* o no.

Bob Roberts describe la vida ÉPICA cuando él desafía a los creyentes a tener *espíritus totalmente aventureros*, que buscan vivir más que un tipo de fe de "adentro". "Es divertido vivir la vida cristiana de tal manera que usted no siempre sepa qué cosas nuevas vendrán o cómo éstas vayan a impactarle. Cuando uno vive la vida como peregrino, estamos aprendiendo a caminar por fe, algo que no mucho hacemos el día de hoy".[54]

Este tipo de andar permite a los cristianos darse cuenta de que pueden hacer la diferencia en cada momento del día. Ellos pueden hacer cosas que nunca soñaron hacer, viviendo en un sentido de aventura y riesgo, lo cual es todo lo que consiste seguir a Dios. Los miembros pueden liberarse de las limitaciones que produce su quehacer religioso de solamente los domingos, reconociendo que su servicio es de "sol a sol". Dios está obrando en sus familias y sus relaciones, haciendo de sus vidas algo sagrado. Los resultados de esta perspectiva son compañerismo, unidad, madurez y significado.

Además, los cristianos ÉPICOS pueden ver a su vocación como su principal ministerio, no sólo como una manera de ganarse la vida. Aquellos que obtengan esta perspectiva, viéndose a sí mismos como agentes del Reino, cuidarán a las personas que están en lugares de trabajo que históricamente no han sido considerados como lugares del Reino. La presencia de un creyente *trae al Reino consigo*.

El aburrido

Una perspectiva ÉPICA cambia a la gente aburrida en gente totalmente aventurera, cuyas vidas se caracterizan por *nuevas oportunidades*. El aburrimiento es un signo de *recortar a Jesús de la imagen*, de compartimentar (separar o dividir en compartimentos) la vida en secular y en sagrado, en lo de *adentro* y lo de *afuera*. Los cristianos aburridos han convertido *su realización personal* en el TEMA.

Debido a esto, los aburridos no son "libres en Cristo" ya que dependen de cosas que les diviertan. Ellos <u>necesitan</u> relaciones o actividades que les provean significado y comodidad, tales como la recreación, el entretenimiento, las compras o la comida. La libertad en Cristo significa que los creyentes están invitados a disfrutar de todas las cosas buenas sin sentimiento de culpa, pero se contentan con *o sin* entretenimientos. Ya que todas sus necesidades son satisfechas en Cristo, los cristianos pueden *disfrutar* de la recreación o la comida, sin ser *dependientes* de ellas. Tales diversiones no son ni malas *ni* importantes.

El ocupado

Un punto de vista ÉPICO puede liberar a los cristianos ocupados, "quemados", que tienen exceso de trabajo, haciéndoles cumplir con su deber a través de "actividades espirituales". Sentirse culpable es probablemente una señal de hacer más de lo que Dios quiere, viviendo bajo la ley y no por la gracia. Las personas "ocupadas" no son *libres en Cristo*, ya que dependen de su propio desempeño para obtener significado o comodidad. La libertad en Cristo significa que los creyentes quedan libres para trabajar duro para Cristo, pero están contentos por estar "en Cristo". Su contentamiento no se basa en sus logros.

Cuando el *YO* se convierte en el centro, hay resultados peligrosos. Como Stevens dijo: "El aburrimiento y el ajetreo son síntomas de la enfermedad del egocentrismo. Las personas que están ocupadas compulsivamente o crónicamente aburridas no tienen a Dios en el centro".[55]

Cuando *Jesús es recortado de la imagen*, el aburrimiento y el ajetreo quedan casi como en primer plano.

Capítulo 9: ¡No me siento alimentado!

CADA VEZ QUE ESCUCHO, "yo no me siento alimentado", inmediatamente sospecho de que se trata del individualismo y el racionalismo ("Yo"=el ego; y "alimentado"=conocimiento).

Sin embargo, llegar a esa conclusión puede ser prematuro. Por ejemplo, Jesús instruyó a Pedro diciéndole "apacienta mis ovejas" (Juan 21:17) y *hay* una base bíblica para asegurarse de que el rebaño reciba conocimiento (2 Pe. 1:5-6). Si las ovejas dicen tener hambre, los pastores deben prestar atención. Los creyentes necesitan una dieta constante de enseñanza de la Palabra para crecer en su amor por Dios y para mantenerse sanos para la obra del Reino de Dios. Así que los líderes que descuidan esta responsabilidad no están sirviendo bien a sus congregaciones.

Pero a menudo hay algo más detrás de la frase "no me siento alimentado". Lo que la gente quiere decir es que no están recibiendo el *tipo* de *conocimiento* que ellos quieren. Si bien es posible que sus pastores no estén dándoles alimentos nutritivos de la Biblia, en un mundo CHICO es tan probable que *ellos sean melindrosos para comer.*

Los niños que reciben alimentos saludables de sus padres podrían rechazarlos, prefiriendo sus comidas favoritas o comida chatarra. Los pastores enfrentan el mismo dilema. En lugar de centrarse en la exposición consistente de la totalidad de la Palabra de Dios, los predicadores son presionados a alimentar al rebaño *de tal forma que satisfagan las necesidades personales del oyente.*

Para empeorar las cosas, a veces la gente hace peticiones bastante exclusivas. Por ejemplo, algunos quieren enseñanza expositiva, otros de más actualidad, algunos quieren una aplicación práctica y otros quieren una teología más profunda. La gente solicita más los debates interactivos que la tradicional "predicación de púlpito". Todo mundo quiere que la información sea presentada de forma interesante para que puedan aplicarla con facilidad (véase el capítulo 6: "La adoración como un seminario").

Desafortunadamente, en un ambiente CHICO, donde el individuo está en el centro, un pastor está constantemente presionado a llenar las *necesidades del individuo*, ya sea que eso sea bueno o no para la iglesia. Frost y Hirsch dicen: "Es muy difícil tener un ministerio profético dentro de un grupo que paga nuestro salario ... en consecuencia, el liderazgo es siempre un rehén de los grupos reaccionarios de la congregación".[56]

Un patrón esperado

Una orientación de tipo CHICO espera *cierto tipo de predicación* que "me cargue las pilas hasta la siguiente semana". Cuando esta expectativa no se cumple la persona se desinfla, como la sensación que uno tiene después de ver una película decepcionante, o ser testigo de la derrota de nuestro equipo favorito.

Para este tipo de oyentes, se pueden predicar muchos sermones sin que éstos echen raíces en sus vidas. Frank Viola dice: "El sermón actúa como un estimulante momentáneo. Sus efectos son de corta duración. Seamos honestos. Hay decenas de cristianos que han sido sermoneados durante décadas y todavía son niños en Cristo".[57] Personas como éstas van a la iglesia para alimentarse y dejar de sentirse agotadas. Con el tiempo se desarrolla un patrón: expectativa, decepción, expectativa, decepción.

Los cristianos de enfoque CHICO han sido orientados a este patrón, y si pasa mucho tiempo, es inevitable que abandonen su iglesia y vayan a otra iglesia donde se satisfagan sus necesidades. O ellos podrían tratar de satisfacer sus necesidades en un grupo pequeño o a través de enseñanzas de multimedia (integración de soportes o procedimientos que emplean sonido, imágenes o textos para difundir información, especialmente si es de forma interactiva), evitando por completo el servicio de adoración. Cuando la nueva iglesia o grupo pequeño ya no llena sus necesidades, buscan otra iglesia (por eso es muy normal ver en Estados Unidos "iglesias de paso"). O ellos podrían dejar de ir a la iglesia por completo.

Los jóvenes y adultos

He observado que esta auto-orientación ("no me siento alimentado") se ha intensificado en los últimos años. Por ejemplo, he oído a los jóvenes decir que no van a la iglesia porque "es aburrido". Sus padres rápidamente lo aceptan y no desafían las aseveraciones de sus hijos. He visto a adolescentes caminando en las calles mientras sus padres están en la iglesia en el culto, una señal visible de que los padres y los adolescentes están de acuerdo en que la iglesia debe "satisfacer mis necesidades". Cristo es *recortado de la imagen*.

Sin embargo, a los jóvenes se les puede traer de las calles para llevarlos a la vida de la iglesia. Los adolescentes tienen más capacidad de desarrollar fe que los adultos y están listos para ser retados a hacer grandes cosas para Dios. El sentimiento de aburrimiento que ellos tienen es un indicador de lo poco que comprenden de la maravilla del Reino de Dios y el bajo nivel de confianza que los adultos tienen en las capacidades de sus hijos adolescentes.

Los adultos mayores caen en la misma trampa del YO cuando dicen, "nosotros pagamos las facturas aquí". Ellos *recortan a Jesús de la imagen* cuando amenazan con dejar de dar a menos que sus demandas sean cumplidas (himnos, estilos de predicación, etc.). Al igual que los jóvenes, los ancianos deben ser vistos como siervos productivos, no dejando que se consuman en un estado de jubilación espiritual.

Las guerras de adoración

El resultado inevitable de esta preocupación de "sentirse alimentado" es conocido como "guerras de adoración", donde las divisiones se producen por los estilos de música más significativos de los distintos grupos. Ya los intereses de Cristo no son el tema central, sino el si se debe cantar coros nuevos o himnos tradicionales. Las conversaciones después del servicio son acerca de si el líder de adoración eligió "los mejores cantos" o no.

Recuerdo que una vez yo cantaba una canción de adoración en la iglesia, de repente un caballero se volvió hacia mí y me dio un largo sermón sobre el estilo y el volumen de la música. Me sorprendí de que él interrumpiera tan sagrado momento. Finalmente le dije: "Estoy tratando de adorar a Jesús aquí, ¿podemos hablar de esto más tarde?" En este tipo de ambiente, Cristo ya no es el TEMA de la *adoración*. Él ha sido *recortado de su propia celebración*. En cambio, el debate principal es acerca de la duración del sermón o qué tipo de recursos, videos o dramas lo harán interesante para que todos puedan ser satisfechos. Las preguntas típicas en este ambiente son: "¿Obtuvo usted algo del sermón? ¿Cómo predicó el pastor? ¿Estuvieron elevados los cantos? ¿Fue significativa la comunión para usted?" Estas son preguntas de enfoque CHICO.

La asistencia no es la medida

Cuando la gente no está satisfecha con el estilo de predicación o la falta de programas que satisfagan sus necesidades, los líderes de las iglesias temen que la asistencia pueda disminuir. La disminución de la asistencia puede ser el mayor temor del pastor, ya que es la medida principal de la efectividad pastoral. Jethani dijo: "Se supone que con el currículo correcto, los principios correctos y los programas correctos el Espíritu de Dios producirá los resultados que deseamos. Este tipo de enfoque de la vida cristiana hace de Dios una de esas máquinas que con presionarle un botón saca un producto (como una galleta, un chocolate, etc.), y asume que su Espíritu reside dentro de buenas organizaciones y sistemas, más que dentro de las personas".[58]

Sin embargo, *no existe una correlación bíblica entre un liderazgo efectivo y asistir a la iglesia*. Un pastor-maestro puede estar ofreciendo un excelente alimento para el rebaño, pero la asistencia podría estar *declinando*. Un vistazo rápido de la Biblia demuestra que la obediencia de un líder hacia Dios a veces se traduce en *menos* seguidores, no en más. A veces Pablo era adorado como un dios griego (Hechos 14:11) y otras veces tenía que ser bajado de una casa en una canasta para evitar ser asesinado (Hechos 9:25). La misma persona puede tener un ministerio creciente en una ciudad y tener que escapar por su vida en otra. Incluso Jesús tuvo ocasiones en donde su ministerio declinó en número (Juan 6:66). No hay garantías de que el crecimiento numérico venga automáticamente de un liderazgo eficaz.

Felizmente, el enfoque ÉPICO libera a los líderes de tener que satisfacer las necesidades que el rebaño cree tener. En lugar de ello, los pastores pueden dirigir su atención a la predicación de *Cristo y su Reino*, que habla de sus obras de liberación a lo largo de la historia, la cual amplía la capacidad de la congregación para el amor y el servicio. Los pastores pueden recordarle al rebaño que "su historia ha conocido nuestra historia", y que cada persona es invitada al drama cósmico revelado en su Palabra.

La predicación puede centrarse en las victorias ganadas por el Señor Jesús en el pasado, el presente y el futuro. Cada elemento del servicio de adoración puede ser orientado en torno a Cristo y no al individuo (ver Apéndice 4), para que los pastores inviertan sus fuerzas en equipar a los santos para la obra del ministerio (Efesios 4:11-13).

Además, los que son liberados de la tiranía de ser "melindrosos para comer" encontrarán un nuevo nivel de profundidad en Cristo. "No me siento alimentado" será reemplazado por "¡nunca he estado tan lleno!" Preguntas de enfoque CHICO pueden ser reemplazadas por exclamaciones ÉPICAS: "Hemos experimentado a Dios juntos. Dios se hizo mucho más grande para mí— me olvidé de que su reino no empieza ni termina conmigo. ¡Me siento más preparado para vivir para el bien de los demás!" Esta perspectiva ofrece un nuevo significado a los himnos y coros, ya que son cantados para el Rey, no para la realización personal. Debido a que Cristo es el centro, la predicación y los estilos de música pasan a ser secundarios. La comunión se convierte en un recordatorio de la venida del Rey, quien espera compartir con su novia en el Reino cumplido (Marcos 14:5), no sólo un recordatorio de su muerte en la cruz *por mí*.

Cansancio pastoral

Mantener a todos felices y hacerlos "sentir alimentados" es una tarea imposible. No es de extrañar que muchos pastores se "quemen" o cansen y dejen el ministerio. En muchos casos, se espera de ellos que sean los héroes de la moralidad, con quienes sea divertido estar, abiertos y disponibles para todos en todo momento, los mejores expositores, excelentes administradores y consejeros perspicaces.[59] En una cultura terapéutica y enloquecida por el entretenimiento, se les pide que hagan una tarea imposible, llevando una carga que Dios nunca quiso. Pastores de iglesias de enfoque CHICO son aturdidos y confundidos acerca del propósito de la iglesia, y a menudo se sienten culpables por sus defectos personales.

Sin embargo, cuando los líderes de la iglesia ven a la iglesia como agente del Reino, y movilizan a la iglesia como un puesto de avanzada, ellos equipan a los santos para la obra de Cristo en el mundo. El resultado natural es gozo, refrigerio y entusiasmo.

Los pastores que se dan cuenta de un entorno CHICO se desmoralizan de sí mismos y su rebaño de seguro se negará a residir allí. Cuando *Jesús es colocado de nuevo en la imagen*, los pastores pueden ser renovados y las ovejas pueden sentirse alimentadas.

Capítulo 10: Esto no está funcionando para mí

OTRO RESULTADO DE la vida enfocada en lo CHICO es que deja a las personas sintiéndose insatisfechas.

Una razón para esto es que la vida de la iglesia es una red social compleja de tabúes y lenguajes que son difíciles de penetrar en los recién llegados.[60] La cultura de la Iglesia puede ser difícil de entender. Lo que la gente necesita es una filosofía de vida simple, en pocas palabras y fácil de entender.

En su lugar, se les introduce a una vertiginosa variedad de ideas expuestas en libros y medios de comunicación. Ellos deben evaluar todas las opciones para su andar diario con Dios, a fin de descubrir "el plan de Dios para sus vidas". Se les promete que Dios tiene un "futuro próspero y esperanzador" para ellos, pero la *presión está* en encontrar sus dones personales, su llamado y su lugar en la vida.

Sin este descubrimiento, ellos temen que la vida no será satisfactoria. Pero hay tantas opciones que compiten, que es casi imposible darle sentido a todo. Cuando el *YO* se convierte en el TEMA, muchos se sienten abrumados y solos. Navegan en su *propia* espiritualidad.

Por el contrario, un enfoque ÉPICO, con Cristo y su Reino en el centro, ofrece una forma pura y sencilla de incorporar a los nuevos creyentes en medio del bullicio de tantas voces que compiten. La teología se convierte en un medio para conocer a la persona de Jesucristo, no para completar la vida de uno. El ministerio se convierte en una expresión de los propósitos <u>de Dios</u>, vividos en la vida cotidiana. Los cristianos pueden encontrar la paz, al permitir que Dios los guíe a la luz de su *plan para las edades*, en lugar de forzosamente descubrir un *plan personalizado para sus vidas*. Todo en la vida de un individuo puede entonces ser orientado en torno a un único tema: **la obra de Dios para destruir progresivamente el reino del diablo por medio de Jesucristo.**

Esto le da al creyente una tarea para toda la vida, pero sin la ansiedad de lograrla por sí solo. Al Dr. Don Davis le gusta describir la magnitud del Reino comparando a los creyentes con una mariquita que flota sobre una hoja por el río Amazonas. Su argumento es que mientras que el esfuerzo de la mariquita por mantenerse a flote es importante, la mayor parte de la actividad se logra por el *movimiento del río*. La inmensidad del Reino de Dios le otorga comodidad y seguridad a los creyentes porque Él hace el "trabajo pesado".

<u>Encontrando significado</u>
David Wells resumió el trabajo de Reinhold Niebuhr, quien dijo que a lo largo de la historia las personas han encontrado significado a través de la <u>familia</u>, la <u>comunidad</u> y un <u>oficio</u>.[61] Hasta hace poco, casi todo el mundo tenía una familia estable, vivía en comunidad y estaba bastante segura de cuál debía ser su trabajo para toda la vida (oficio). Ellos podrían pasar toda su vida perfeccionando sus habilidades como "carniceros, panaderos o fabricantes de velas".

Desafortunadamente, en los Estados Unidos ha habido una crisis en el núcleo de la <u>familia</u> y la <u>comunidad</u> ha sido reemplazada por la globalización y las redes sociales cibernéticas. Además, la revolución industrial demolió la mayoría de las oportunidades para desarrollar un oficio para toda la vida. Sin *familia, comunidad y oficio*, ahora a las personas les cuesta encontrar su *propio* significado personal. En una iglesia, un enfoque CHICO sólo refuerza estos problemas, dejando a la gente solitaria y vacía, buscando continuamente una aventura personalizada y un significado. Sin embargo, un enfoque ÉPICO ayuda a una persona a encontrar las categorías de Niebuhr tocante a la *familia*, la *comunidad*, y el *oficio*, a través del Reino de Dios.

La familia se puede encontrar en la vida de la iglesia local. "Uno no está subyugado a una salvación individualista, sino que está dentro de una comunidad de personas que prestan asistencia social, moral y psicológica al creyente, sometido a un cambio radical en sus vidas".[62]

La comunidad se vive dentro de la Iglesia universal. Cada iglesia local se remonta a la primera Iglesia en Pentecostés. Esa primera iglesia encontró sus raíces en la nación de Israel, la cual está conectada con las generaciones de Adán y Eva, quienes fueron creados a la imagen del trino Dios, quien es la eterna comunidad que ha sido auto-existente desde épocas pasadas. Cuando la gente comprende que son una parte de esa "comunidad apartada" de Dios, ellos pueden encontrar el significado y la identidad que describe Niebuhr.

El oficio se practica a través de la contribución del creyente al Reino de Cristo mediante el uso de sus dones espirituales. Cada persona tiene un trabajo que hacer dentro de una iglesia local, dotada por el Espíritu para hacer su contribución en el Reino. Un enfoque ÉPICO les da a las personas dirección, propósito y significado, porque el Reino les provee *una familia, una comunidad y un oficio*.

<u>¿Tiempo de guerra o tiempo de paz?</u>

La última razón por la que la gente se siente insatisfecha es porque enfocan la vida cristiana como *soldados en tiempos de paz*. Los soldados tienen más accidentes y entran en más conflictos interpersonales en tiempos de paz que en tiempos de guerra. La vida es difícil en tiempos de guerra, pero monótona en tiempos de paz. Experimenté un contraste dramático entre una *mentalidad de paz* y *una de guerra* cuando fue anunciado el veredicto de Rodney King en 1992.

Yo estaba a sólo unas cuadras de distancia cuando estallaron los disturbios en las calles Florence y Normandie en Los Ángeles. Recuerdo que se formaron turbas de saqueadores que incendiaban y rompían todo, temiendo por mi vida mientras conducía los 12 kilómetros rumbo a mi casa desde el centro de Los Ángeles. Hasta que logré salir a la autopista interestatal, di un suspiro de alivio.

Aún agitado, di vuelta en una esquina y vi a un hombre regando las plantas en su acera, fumando un cigarro. Sentí la necesidad de detenerme y gritarle: "¿No sabe que se está llevando a cabo un motín? La gente está muriendo, los saqueadores están robando los negocios y la ciudad ¡está siendo destruida! ¿No le importa?" Pero me di cuenta que él no tenía ninguna experiencia con el peligro que yo acababa de encontrar. Para él, era un día soleado en el sur de California.

La reacción de este hombre es muy similar a los cristianos estadounidenses de hoy. Los cristianos en tiempos de paz no tienen ningún sentido del peligro espiritual que les rodea. Ellos no sienten la persistente guerra entre los dos reinos que es tan tangible para el resto del mundo. Un ambiente de calma suburbana puede adormitar a los cristianos de enfoque CHICO. Cuando llega la tragedia, podrían sorprenderse al descubrir la batalla espiritual que siempre estuvo presente, sintiéndose mal preparados para manejar la situación.

Tiempos de paz en las fuerzas armadas

Sin un enemigo común, los soldados en tiempos de paz pelean por cosas triviales, a menudo resentidos el uno al otro. Enfocados en sí mismos, abundan las quejas sobre las condiciones del cuartel, los alimentos y la estructura del comando. Hay un sofocante aburrimiento y un anhelo por lo emocionante, sin ninguna opción para la innovación y la creatividad. Cuanto más tiempo pasan los soldados en tiempos de paz, más se les dificulta realizar otra tarea.

En la iglesia, los cristianos en tiempos de paz se pelean por cosas triviales. Se quejan del pastor, la predicación, los programas o de las sillas. Si hubiese un avivamiento en Libia y los ancianos pidieran voluntarios para ir a fortalecer la iglesia de allí, la mayoría de las personas que tienen raíces tan profundas les costaría renunciar a su estilo de vida para salir de casa aunque sea por un breve tiempo.

Tiempo de guerra

Los soldados que están al *frente del combate* no tienen tiempo para pelear por trivialidades. Su identidad se basa en el grupo al que representan, teniendo respeto por sus superiores. Ellos trabajan duro para desarrollar sus habilidades para que puedan contribuir a su unidad, no para logros personales. Debido a su peligroso ambiente de guerra, son creativamente innovadores. Están vigilantes, observando las sorpresas del enemigo, no asumiendo que son lo suficientemente competentes para actuar solos. Están listos para servir en cualquier momento y siempre están disponibles para ser re-asignados.

Para los cristianos que han sufrido, especialmente los más pobres, no es ninguna sorpresa que la vida sea dura, teniendo frecuentemente encuentros con la tragedia y el mal como parte de sus vidas. Los creyentes que no pertenecen a la clase media de los Estados Unidos (que es la mayoría de la población mundial) saben por experiencia que *estar al frente del combate* es la <u>única</u> manera de vivir la vida cristiana.

Distracciones en tiempos de paz

Algunos cristianos luchan con muchas adicciones y distracciones pecaminosas porque viven como soldados en tiempos de paz. Mark Batterson dijo: "Muchos se enredan en el pecado porque no tienen una visión suficientemente ordenada por Dios para mantenerse ocupados. Cuanta más visión usted tenga, menos pecará. Es una visión de Dios la que nos mantiene en la ofensiva espiritual. Muy a menudo tratamos de dejar de pecar al no pecar ... La clave para dejar de pecar, no es enfocarse en no pecar. La clave está en obtener una visión del tamaño de Dios que consuma todo su tiempo y energía".[63]

Una visión del tamaño de Dios coloca a los cristianos ÉPICOS *en la batalla*. No tienen tiempo para argumentos supérfluos y son ferozmente leales a sus jefes y compañeros. Enfocados menos en ellos mismos y más en su contribución al Reino, trabajan duro en las disciplinas espirituales y buscan formas creativas de representar a Cristo dentro y fuera de la iglesia. Tratan de aprender más de Dios, sin asumir que lo saben todo. Están dispuestos a ser sorprendidos por Dios, pero nunca sorprendidos por las artimañas del enemigo.

John White dice: "No debe sorprendernos que esa imagen de guerra que expresa la naturaleza de la vida cristiana es usada por el Espíritu Santo. El mismo valor, ingenio, conocimiento del enemigo, la misma vigilancia, lealtad, perseverancia, fuerza, habilidad, voluntad inquebrantable de luchar hasta el final pase lo que pase y cueste lo que cueste, *deben* caracterizar la vida cristiana tal como sucede en las guerras.... *Reconocer a Jesús como Salvador y Señor es unirse a un ejército. Ya sea que usted lo sepa o no, usted está enlistado*".[64]

¿Por qué hablar tanto de guerra?

En un mundo asolado por la guerra, muchos prefieren evitar el lenguaje de guerra. Además, dado que las malas acciones como las cruzadas, la cacería de brujas y la inquisición han sido asociadas con el cristianismo, los creyentes desean distanciarse de tal terminología agresiva. En lugar de un lenguaje de milicia, prefieren otras metáforas bíblicas como ovejas y pastos o yugo fácil y cargas ligeras.

Ya que la naturaleza del Reino va más allá de una comprensión completa, Dios provee una *variedad de metáforas* en la Biblia. Dios es Guerrero *y* Pastor, Rey *y* Siervo, León *y* Cordero. Para acercarse a una comprensión elemental de los caminos de Dios, necesitamos el efecto acumulativo de *todas* las riquezas de *cada* metáfora bíblica. Estas imágenes no tienen sentido si se toman aisladamente, yuxtapuestas entre sí. "Una pregunta equivocada es ¿soy una oveja o un soldado?" Los cristianos son ovejas *y* soldados, criaturas que tienen mucho en común. Por ejemplo, las ovejas y los soldados tienen enemigos mortales y dependen de sus líderes para la supervivencia. Además, las ovejas y los soldados funcionan en grupos (manadas y pelotones).

Pero también hay diferencias. Dios cuida de sus ovejas y les ayuda a restablecer su salud cuando son oprimidas y desalentadas. Su corazón para los pobres y marginados es una de las razones por las que hay muchas imágenes confortantes de "pastores" y "aguas tranquilas" (St. 2:5; Lc. 4:18; Is. 61:1-4). Si hubiera sólo metáforas militares, los creyentes pudieran tener la tentación de eliminar a los débiles.

La Iglesia no se compone de una guardia exclusiva de marineros de élite. Es una familia que acoge a los más débiles y vulnerables. Aún los niños están en lo más alto de las prioridades del Reino (Mt. 18:4). Así, mientras que los creyentes son soldados, también atesoran a los más débiles que están entre ellos. Nadie es pasado por alto.

Si bien Dios se preocupa por los de hasta abajo, Él desea transformar a los débiles para que sean fuertes. Su gracia se perfecciona en la debilidad (2 Cor. 12:9) para que la gente pueda pelear la buena batalla de la fe (1 Tim. 6:12), pero no en la forma carnal del mundo (2 Cor. 10:4). La Iglesia combate al mundo, la carne y al diablo a través del poder del Espíritu Santo, amándose y perdonándose unos a otros, demostrando tiernamente los frutos del Espíritu (Gálatas 5:22-23).

Cuando Jesús es *recortado de la imagen*, los cristianos quedan fuera de la batalla y pierden su propósito. La vida de enfoque CHICO es una que "no está funcionando para mí". La vida ÉPICA, aunque es difícil, está llena de significado y propósito.

Capítulo 11: El Efecto de Lo CHICO

LA VIDA DE ENFOQUE CHICO es una vida provincial, estrecha y orientada en el YO, que conduce al bloqueo del desarrollo. Considere cómo los nuevos creyentes son introducidos a la vida en Cristo.

Primero, son orientados a una iglesia de sub-cultura estadounidense diseñada para la madurez cristiana individual, caracterizada por "su nueva relación personal con Cristo". A menudo esto implica una lista de cosas éticas ("hagamos *esto*, no hagamos *aquello*"). Cada iglesia tiene su propia "lista", aunque ésta pueda ser tácita. La lista puede ser acerca de la moral personal (como las reglas del noviazgo), la doctrina (la forma de bautizar), o la política (favoreciendo a un partido político por encima del otro). Con el tiempo, el nuevo creyente descubre cuáles actividades son respetadas (como el estudio diario de la Biblia) y cuáles son desaprobadas (como ver películas de clasificación R).

Después de iniciarse en esta sub-cultura, una persona sabe con cuáles creencias éticas, doctrinales y políticas debe contar. Luego, ésta se esfuerza durante toda su vida por ser competente en esas mismas actividades éticas, doctrinales y políticas. El objetivo es *saber más y hacer más*, pero sólo dentro de las actividades aprobadas en "la lista".

Este énfasis conduce a una vida cada vez más estrecha que elimina gran parte de la aventura de la vida cristiana, que yo llamo el "*efecto de lo CHICO*" (o efecto adelgazante). Este efecto lentamente domestica a intrépidos soldados de Cristo, hasta que se sientan como robots que viven en una jaula de monótonas rutinas.

El moralismo, el objetivismo y el particularismo

Robert Webber argumentó que lo que yo llamo el *efecto de lo CHICO* proviene de tres fuentes: el moralismo, el objetivismo y el no ver las cosas de manera integral (el particularismo).[65]

El moralismo

El creyente aprende de la Biblia a través de *ejemplos morales*. Por ejemplo, cuando a los niños se les enseña la historia de Abraham, se destaca su fe en Dios cuando él ofreció a Isaac como sacrificio, o se señala su falta de moral cuando se mete con Agar para engendrar a Ismael. Cualquier principio ofrece una aplicación práctica para la vida cotidiana. Se le presta poca atención a Abraham como un objeto de la *historia general de la redención de Dios*, porque la trama de la historia no ofrece una moral útil para que el cristiano individual la aplique.

Michael Horton dijo, "¿Cuántas veces hemos escuchado el Antiguo Testamento interpretado como una colección de relatos piadosos que podemos usar para nuestra vida diaria? Desde Génesis podemos tener una gran cantidad de héroes para imitar y villanos para ignorar. Nunca supe que el Antiguo Testamento trataba acerca de Cristo. Pensé que se trataba de héroes bíblicos de cuyos caracteres yo debía imitar .... Dadas las expectativas morales que a menudo se asumían, no es de extrañar que la gente encuentra al Antiguo Testamento aburrido y mucho más incomprensible que el Nuevo Testamento".[66]

El objetivismo

El racionalismo aprecia mucho el cúmulo de *datos por encima de la sabiduría*. Como resultado, a los cristianos se les enseña a guardar información y construir sistemas doctrinales donde esa información pueda ser conservada. Esto es el por qué algunos valoran la predicación expositiva, pues tiene un flujo constante de información, pero con frecuencia no conecta los hechos con la historia general.

Un ejemplo de *objetivismo* es el enfoque CHICO para estudiar los asuntos escatológicos. *La historia de Jesús es recortada de la imagen* al hacer de la escatología un ejercicio mental (racionalismo) para averiguar "cuando vendrá Cristo a rescatarme" (individualismo), en lugar de cómo "Cristo derrocará los poderes del mal y tomará el lugar que le corresponde en el trono". La escatología trata menos acerca de *la exaltación de Cristo* y más sobre *lo que Cristo podría hacer por el individuo.*

El particularismo

El impulso racionalista de romper el todo en partes para su posterior análisis, es *particularismo*. Este enfoque analítico ha producido profundas bendiciones en los avances médicos y tecnológicos y también ha provisto una útil erudición bíblica para la iglesia. La separación de la Biblia en capítulos y versículos es un ejemplo.

Pero la tendencia de separar la historia en categorías más pequeñas ha tenido un efecto perjudicial. A los cristianos se les enseña a usar estas técnicas al leer la Biblia versículo por versículo, palabra por palabra, sílaba por sílaba, separando hasta el más mínimo detalle para que el significado pueda ser micro-analizado. Rara vez hay una conexión con el contexto general de la historia de la redención de Dios (Reino de Dios), dejando a los creyentes privados de una perspectiva global.

El creyente a menudo recibe una serie de pensamientos fragmentados que no tienen ningún punto de conexión más allá de su experiencia personal. El que toma la información principalmente para su consumo individual, puede ser distraído por los hechos de aprendizaje y estancar su capacidad para representar a Cristo.

Los programas para niños que enfatizan la rutina de memorizar las Escrituras sin ninguna conexión con la historia bíblica, ejemplifican al *particularismo*. Un mejor enfoque sería ayudar a los niños no sólo a memorizar versículos, sino también a aprender su conexión con el resto de la historia de la Biblia.

El moralismo enfatiza la ética, el objetivismo premia al conocimiento y el particularismo miniaturiza la perspectiva del creyente acerca de la vida. Cuando estos se combinan, producen el *efecto de lo CHICO*, una vida que es demasiado predecible y carente de aventura, donde el deseo de tomar riesgos por Cristo disminuye con el tiempo. *Este efecto* resulta en el estancamiento del desarrollo.

Sin embargo, algunos cristianos están cómodos con una rutina segura, fácil y predecible. No ven lo CHICO como algo que les detenga. *Prefieren* "esta vida provincial". Curtis y Eldredge lo dicen así:

> Algunos preferirían memorizar y estudiar la Biblia, o servir— o algo que les libre de la ignorancia.... La opción es viajar o quedarse en casa, vivir como Abraham, el amigo de Dios, o como Robinson Crusoe, el alma perdida que improvisa una especie de existencia que le permite rescatar el resto del mundo. Crusoe no era peregrino, era un sobreviviente. Vivió en un pequeño mundo donde él era el personaje principal y todo lo demás se enfocaba en él. Claro,

Crusoe quedó varado en una isla con pocas esperanzas de rescate. Fuimos rescatados, pero la decisión de permanecer en nuestras pequeñas historias, aferrándonos a nuestros falsos dioses caseros, o correr en busca de vida, es nuestra.[67]

Una prisión llamada "CHICO"

Para los que están atrapados por el efecto de lo CHICO, hay tres vías de escape.

La primer vía de escape

La vía de escape más común es lo que el Dr. Don Davis llama "Enfoques que sustituyen la visión Cristocéntrica" (ver figura 13).

Figura 13: Enfoques sustitutos

Así como las paredes de lo CHICO tienen infiltraciones, una persona dotada por el Espíritu desea escapar de sus limitaciones y encontrar una salida positiva. Esos *enfoques sustitutos* son buenos, pero son *fines en sí mismos*, distrayendo a la gente del punto central de la historia.

Por ejemplo, algunos se aferran a asuntos doctrinales y teológicos, gastando enorme energía para que los demás estén de acuerdo con sus puntos de vista. Otros hacen de la escatología la pasión de su vida, tratando de determinar las fechas y horas que el Señor dijo específicamente que no serían reveladas (Mt. 24:36). Causas éticas, políticas o morales (liberales o conservadoras) se convierten en una salida para muchos, mientras que otros se atrincheran en la realización matrimonial y familiar.

Los enfoques sustitutos explican por qué los cristianos tienen un apetito voraz por lo novedoso (el libro o seminario más reciente y de moda). Ha habido "40 días" de todo, hombres de promesa, grupos pequeños, la oración de Jabes y el libro más reciente o estudios bíblicos de autores populares. Generalmente son los más buscados y rápidamente olvidados, dejando a la gente con la esperanza de que el próximo *enfoque sustituto* satisfará sus necesidades. Nada de eso es malo en sí mismo, pero la búsqueda maníaca de ello indica una dependencia poco saludable sobre lo *nuevo y novedoso*.

Esta es una de las razones por las que proliferan libros sobre diversos temas como el matrimonio y la familia, la escatología, la salud y las finanzas personales. Todos estos temas son útiles, pero cuando sustituyen a la *historia de Cristo y su Reino* y se convierten en la última moda, podrían ser contraproducentes, *recortando a Jesús de la imagen*.

Independientemente del *enfoque sustituto*, algunos que *recortan a Jesús de la imagen* de esta forma, finalmente se cansan, sin encontrar satisfacción en su búsqueda, regresando de nuevo a la misma prisión de lo CHICO, en busca de un *enfoque sustituto* que reemplaza al anterior, repitiendo el ciclo de la frustración (ver figura 14).

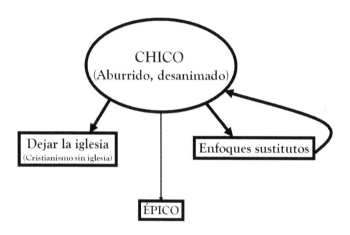

Figura 14: Una prisión llamada CHICO

La segunda vía de escape

La segunda vía para escapar de la prisión de lo CHICO es salir de la irritante iglesia e intentar ser un cristiano sin iglesia, una respuesta cada vez más común según George Barna en su libro "Revolución". Tales personas se han equivocado al pensar que el cristianismo se trata del "YO y mi relación personal", sin considerar que su función es unirse a Cristo en su tarea de destruir la obra del diablo a través de la iglesia. Desafortunadamente, excepto en raras circunstancias, no hay cristianismo fuera de la iglesia (ver capítulo 3). Separados de una iglesia local, estas personas aún pueden *recortar a Jesús de la imagen* al volverse cada vez más egocéntricas.

La mejor vía de escape

Ni los *enfoques sustitutos* ni el *cristianismo sin iglesia* ofrecen libertar a la gente de la prisión de lo CHICO. La mejor forma de escapar es mudarse a una residencia más grande, del *YO y mi relación personal* (CHICO), a *Cristo y su Reino* (ÉPICO). La libertad en Cristo provee una nueva *identidad* centrada en los intereses de Cristo y su historia.

Esa identidad ÉPICA introduce al nuevo creyente al Reino de Dios, no a determinada subcultura ética, doctrinal o política. El nuevo creyente descubre que es parte de algo que le antecede a él o a su iglesia local, una herencia antigua que continuará aún después de que muera. *La historia* es lo principal, no las ideas éticas, doctrinales o políticas. Su meta no es el crecimiento personal, la bendición o la autosuperación. Es algo mucho más majestuoso y trascendente: Una historia más grande que su moral, su iglesia o su país.

La majestuosidad de esta perspectiva libera a los creyentes, llevándolos hacia un propósito más grande que ellos. Puede haber gozo en el sufrimiento por el bien del Reino de Cristo y una creciente preocupación por el bienestar de los demás. Lo ÉPICO es la mejor vía de escape del *efecto CHICO*.

El cristiano no necesita la última moda o la idea más nueva y atractiva. Lo que necesita es un retorno a esa antigua historia que ha estado allí todo el tiempo. Como lo dice Hauerwas y Willimon: "La salvación es el bautismo en una comunidad que tiene una historia tan veraz, que hace que nos olvidemos lo suficiente de nosotros como para formar parte de esa historia, una historia que Dios ha contado en las Escrituras y que continúa contando en Israel y la Iglesia".[68]

El *efecto de lo CHICO* **promueve un desarrollo estancado, pero el enfoque ÉPICO ofrece oportunidad de crecimiento.**

Sé que esto es cierto porque lo he visto en la gente que me rodea. Me ha sorprendido ver los efectos de la historia en mi hijo Ryan. Cuando tenía 16 años, escribió esto en su página de MySpace (red social cibernética) y luego lo compartió como testimonio en la iglesia:

> Las historias siempre han formado gran parte de mi vida. Cuando yo era pequeño, estaba fascinado con historias como Las Guerras de las Galaxias; y ¿qué niño no lo estaba? Me encantaban esas películas a morir, nunca disfrutaba de ellas por su gran historia o personajes, sino sólo por las batallas espaciales y las espadas luminosas. Cuando éstas se habían convertido en una parte de mi pasado, aprendí a leer. Oh, ese fue un momento que expandió exponencialmente mis posibilidades. Leí libros de todo tipo: Guerra, romance, aventura, ciencia ficción, lo que fuera. Continué leyendo y viendo películas hasta que tuve como 10 años, creciendo literariamente cada año. Luego, empecé a buscar todo tipo de historias tratando de encontrar significados más profundos y utilizarlas como un escape. Las que más me gustaban eran historias de aventuras, donde el protagonista se ve inmerso en una situación difícil y se ve obligado a crecer muy rápido y convertirse en un héroe (eso es porque siempre he querido ser un héroe). Justo antes del final de mi octavo grado, mis padres me preguntaron si quería pasar por el proceso de simbolizar y confirmar mi fe en Cristo. Al principio, yo sólo dije que sí porque sentí que era

importante, no sabiendo del todo cómo eso iba a ser algo que cambia la vida. Me pidieron que leyera el libro titulado *Épico*,[69] y hacer varios estudios de la Biblia. Una vez que yo terminara estas tareas tendría una ceremonia con toda la gente influyente en mi vida para celebrar mi compromiso. Una de las cosas que tenía que hacer como parte del estudio era contar la historia de la Biblia en menos de un minuto. Esto me puso mucho a pensar. Al igual que la mayoría de los niños de mi edad, yo nunca había pensado en eso antes y estaba obligado a hacerlo. Cuanto más lo hacía, más me intrigaba. Me di cuenta que la mayoría de los grandes elementos de una historia sucedían también en la historia de Dios. Cuanto más encontraba estos elementos, más fascinado me quedaba con las habilidades narrativas de Dios. Rebelión, guerra, vida nueva, enormes faltas, nueva esperanza, un pueblo elegido, el elegido, amistad, traición, sacrificio, conflicto galáctico, el regreso de un rey y una batalla para poner fin a todo mal, fueron los temas principales. Empecé a notar muchos de estos conceptos en algunos de mis libros y películas favoritas (sí, incluyendo Las Guerras de las Galaxias). Me di cuenta que era por eso que me encantaban tanto las historias y narrativas, porque estamos en medio de la más épica e increíble historia jamás contada. También me di cuenta que me había convertido en un personaje de esta historia, inmerso en una difícil situación en la que no puedo darme el lujo de no crecer rápidamente y convertirme en un héroe. Mi deseo secreto se había hecho realidad. Yo ya no era un chico normal que vivía una vida normal. Yo era un guerrero, luchando por mi ejército y destruyendo al mal todos los días. De repente, mi vida se volvió mucho más emocionante, con mayor sentido. Ahora me daba cuenta de que todos los aspectos de mi vida eran parte de la historia de Dios que él quería contar a través mío. Era indescriptiblemente increíble formar parte de la historia más grande jamás contada.

Conclusión

El viaje que comenzó en Wichita con Brian, que continuó cuando escuché a la bella clamar por libertad de "esta vida provincial", llegó a una parcial conclusión cuando me di cuenta que **la vida de tipo CHICO es la vida provincial**. Lo CHICO ha producido cristianos aburridos, sobrecargados, confundidos, desnutridos, distraídos y desalentados, con la necesidad frecuente de terapia, muchos de los cuales han dejado la iglesia por frustración.

Esto debería ser una advertencia para todo cristiano, pues la tentación de *recortar a Jesús de la imagen* está presente en todas las iglesias. Por ejemplo, cualquier iglesia puede enfatizar una doctrina, un asunto social, un proyecto o controversia que luego se convierta en una causa más para defender. Si bien hay libertad en Cristo para participar en cualquier tema importante, nada debe suplantar al Reino de Dios como el propósito principal por el que vivimos. El reconocimiento del señorío de Jesús siempre debe tener prioridad sobre cualquier otro asunto, por muy importante que éste sea.

A pesar de tales tentaciones, creo que los cristianos no deben seguir motivados por la doctrina, la liturgia, las causas, el último serminario de moda, o cualquier cosa que pueda *recortar a Jesús de la imagen*.

Durante siglos, los creyentes han sido animados por **la antigua historia de un Rey que rescató a su novia de las garras de un opresor del mal y que ahora está obrando para acabar con ese enemigo por siempre, facultando a su pueblo para ser el agente de su propia victoria.**

A través de los siglos, esta realidad existencial ha movido a sus seguidores a grandes alturas, dándoles una razón para levantarse y aplaudir, para cantar sus alabanzas, para amar, servir, dar y sufrir por su causa. Gracias a Dios, cada creyente puede ser liberado para representar al Rey, seguir sus mandamientos y ¡experimentar un anticipo del Reino venidero!

Como la bella, los creyentes tienen muchos deseos de aventura. Afortunadamente, ésta se halla en la historia épica del *Christus Victor*. Sí *hay* algo más que "esta vida provincial".

Sin embargo, mi viaje no se concluyó. Mientras comprendía más sobre el problema, necesitaba saber cómo es que yo había *recortado a Jesús de la imagen.* **La segunda parte** (¿Sabe usted hacia dónde va?) narra la siguiente fase de mi búsqueda.

ǂ

Jesús, ten piedad de nosotros. Hemos pecado por haberte recortado de nuestra propia historia. Nos hemos insertado en el lugar que te corresponde y te hemos hecho el tema de nuestra propia historia personal. Ayúdanos a vernos en la perspectiva correcta otra vez.

Parte dos: ¿Sabe usted hacia dónde va?

"¿Sabe usted hacia dónde va?

\- Diana Ross

....

El sistema que produce cristianos aburridos fue formado por la mezcla de principios de mercadeo estadounidense con las buenas intenciones de creyentes que buscan avanzar la causa de Cristo. Este sistema se concretó en tres métodos, cada uno tratando de revitalizar a la iglesia: el tradicional, el pragmático y el emergente.

Capítulo 12: Las fuerzas que forman lo CHICO

EL AÑO 1975 fue un año importante en mi vida. Me gradué de la Secundaria Norris y entré a la escuela preparatoria del norte de Bakersfield. Empecé una reunión semanal de discipulado con nuestro líder juvenil de la escuela, quien me ayudó a crecer en mi fe como nunca antes, iniciándome como líder estudiantil en la pastoral universitaria de la Asociación de atletas cristianos.

Fue también en 1975 que Diana Ross hizo esta pregunta musical: *"¿Sabe usted hacia dónde va?"* Las iglesias preocupadas por la disminución del cristianismo en los Estados Unidos están haciendo la misma pregunta hoy en día.

Están en un crucero proverbial: pueden ir al norte, este, oeste o sur, pero no pueden *quedarse donde están.* Muchos consideran que si eligen sabiamente, pueden detener el rumbo de sus iglesias y restaurarlas hacia una fe vibrante. Pero si eligen mal, en realidad pueden *empeorar* las cosas

Esta parte de *Jesús recortado de la imagen* representa los factores que le dan forma a lo CHICO, tal como yo lo entendí desde 1975. También describe tres formas de lo CHICO, tal como lo veo en la iglesia estadounidense contemporánea.

Tres formas de lo CHICO
Cada uno por su lado, David Wells y Robert Webber describieron la manifestación de los tres métodos predominantes que yo llamo

tradicional, pragmático y emergente (ver Apéndice 5, "División del protestantismo occidental").

Cada método fue formado con la mejor de las intenciones para la gloria de Dios y ha sido instrumental en la salvación de millones de personas en todo el mundo. Sin embargo, cada método representa una variación de lo CHICO (Contemporáneo, Hablado, Individualista, Cognoscitivo), definido por las siguientes categorías:

⋄ Suposiciones **culturales**
⋄ Un sentido de **nostalgia** (acerca de "los buenos viejos tiempos")
⋄ El **antagonista** común (lo que reacciona en contra)

Suposiciones culturales

La cultura es un *patrón de comportamiento, a menudo expresado en términos de preferencias por los alimentos, el lenguaje, la ropa y de un sentido de lo que es bello o repulsivo*. La cultura también se define por las reglas del mundo que tienen sentido (su visión del mundo).

Las diferencias culturales son fundamentales para los propósitos de Dios. Él muestra su amor por la diversidad cultural en el pacto de Abraham al incluir a "todos los pueblos" en su redención (Gn. 12:1-3) cumplida en la consumación, la cual incluye "cada tribu, lengua, pueblo y nación" (Ap. 5:9). De hecho, Jesús afirmó que el evento que *desencadena* su Segunda Venida es cuando el evangelio del Reino vaya como "testimonio a todas las naciones" (Mt. 24:4).

Cuando se trata de diferencias culturales, ninguna otra religión del mundo es tan hospitalaria como el cristianismo. El islamismo, el judaísmo, el hinduismo y otras religiones asocian ciertas comidas, vestimentas y actividades como elementos esenciales de sus prácticas religiosas. Sin embargo, en Cristo, no hay comida, vestimenta u otra expresión cultural "cristianas". Dios ha hecho posible que culturas enteras expresen su fe en Cristo conservando su identidad cultural, no *perdiéndola*. Por ejemplo, los cristianos asiáticos practican su fe cristiana de modo diferente que los africanos, y los europeos diferente de los latinos.

Como resultado, la tarea principal del misionero es arraigarse a través de los elementos culturales, separándolos en tres categorías: los que son *consistentes* con el carácter de Dios (virtud), los que son *contrarios* al carácter de Dios (vicio o pecado) y los que son *neutrales* al carácter de Dios (ni virtud ni vicio). Cada cultura tiene elementos que son consistentes, contrarios o neutrales con el carácter de Dios.

La contextualización

Otra tarea misionera es la contextualización, el proceso de aprender los elementos culturales de un grupo de personas para que puedan ser usados para comunicar el evangelio. La meta es eliminar *barreras* que dificulten la comprensión, creando *puentes* para el mensaje evangélico, de modo que la cultura receptora pueda escuchar el mensaje, formando una expresión cristiana dentro de su cultura autóctona.

Pero el proceso de contextualización es complejo, posibilitando dos errores. Uno de ellos es ser *demasiado informal* respecto a la cultura receptora, formando una mezcla no saludable de fe cristiana con la cultura local. Esto se llama "sincretismo", donde se le da el "sello de aprobación" de la fe ortodoxa a una cultura en particular. Un ejemplo es la mezcla de rituales paganos con prácticas cristianas en latinoamérica. El sincretismo está más a favor de lo "neutral" y lo "virtuoso", y no es suficientemente riguroso con lo "vicioso".

El error opuesto al sincretismo es el "etnocentrismo", que supone que la cultura del misionero enviado es superior a la cultura receptora. Un ejemplo es el error histórico de los misioneros coloniales que obligaron a los africanos a usar ropa occidental. El etnocentrismo es *demasiado agresivo* en su crítica y sin darse cuenta se coloca más del lado de lo "vicioso" que de lo "neutral".

La tarea de cada líder de la iglesia es hacer lo que los misioneros han hecho por años: definir qué es una "virtud", qué es un "vicio" y qué es "neutral". Los ancianos, pastores, obispos y otros líderes deben conocer muy bien la fe cristiana histórica, ortodoxa, apostólica y bíblica, para que puedan contextualizarla dentro de su propia cultura sin echar mano del etnocentrismo o sincretismo. Pero hay tres desafíos que los líderes de iglesia enfrentan mientras hacen esta tarea.

La falta de un contexto histórico
El mayor reto para la contextualización es que muchos líderes religiosos no tienen una buena comprensión de la fe cristiana histórica apostólica, articulada por la Gran Tradición (ver Parte III).

Los estadounidenses están generalmente desinteresados en la historia y muchos líderes religiosos no aprecian la historia de la Iglesia. Algunos pudieron haberla conocido una vez, pero la han olvidado en medio del clamor del cambio cultural y la lucha desenfrenada por seguir siendo relevantes. Otros nunca comprendieron lo que realmente significaba la fe histórica. Por último, hay *quienes piensan que la conocen*, pero no. Sin una comprensión adecuada de la fe cristiana histórica, la contextualización es peligrosa.

Los rápidos cambios en la cultura estadounidense
El segundo problema con la contextualización en los Estados Unidos es que hay muchas sub-culturas emergentes que crecen tan rápido que el paisaje cultural es difícil de describir. Muchas comunidades y las iglesias que están dentro de ellas, pueden estar compuestas por una serie de sub-culturas, por lo que es difícil de definirlas. La ciudad de Los Ángeles, donde yo ministro, es sin duda la ciudad más cosmopolita de la historia del planeta.[70] Pero también muchas otras ciudades están volviéndose más diversas.

Están los postmodernos y los modernos, los *boomers* (nacidos después de la Segunda Guerra Mundial) y los de la generación X (nacidos entre los años 60's y finales de los 70's), la primera generación de inmigrantes de Asia, Centroamérica, África y Europa del Este, por no hablar de los grupos parcialmente aculturados como los afro-americanos, algunos de los cuales desean conservar su identidad histórica y otros que quieren adentrarse en la cultura dominante. El paisaje es *tan* dinámico, que ya *no está* claro cuál es la cultura dominante en los Estados Unidos.

Toda esta confusión cultural hace difícil ordenar los elementos culturales en categorías de *virtud, vicio y neutral*, por lo que es más probable que los líderes de la iglesia simplemente se confundan en su diario vivir, confiando en que milagrosamente eso mejore.

La naturaleza invisible de la cultura

El tercer obstáculo en la contextualización es que los que viven dentro de una cultura son los que menos lo notan. Por ejemplo, es más fácil para los estadounidenses observar y describir la cultura europea, porque ellos la ven a partir de las normas americanas. Los europeos viven con naturalidad su rutina diaria sin hacer referencia a sus propios supuestos culturales. De igual forma, los anglos tienen menos probabilidades de ver sus preferencias culturales, mientras que los hispanos y los afro-americanos pueden señalarlas con bastante facilidad. La cultura es como el aire, la gente dentro de una cultura no la puede ver ni está consciente de su existencia.

Por esta razón, es difícil identificar los elementos culturales del *individualismo* y el *racionalismo* del enfoque CHICO. Estos supuestos culturales están enterrados profundamente en la psiquis norteamericana, especialmente en la iglesia, donde han sido erróneamente colocados en la categoría de *virtud* cultural, en lugar de la categoría *neutral* a la que pertenecen. **Podría decirse que lo CHICO ha caído a la categoría de sincretismo.**

Un sentido de nostalgia

Además de la cultura, los tres métodos fueron formados por su época histórica favorita. Cada método tiene un sentido implícito de nostalgia acerca de "los buenos viejos tiempos". Hay un profundo deseo de recuperar los "años de gloria", imaginando un futuro que se parezca a una época pasada. Algunos ven a la Reforma como la "época de oro", y otros idealizan a la Iglesia primitiva.

Para otros, la época de nostalgia es un período de la historia norteamericana (como el de la década de los 50's), o un momento en que su iglesia local o denominación estaba en su apogeo. Ellos recuerdan los tiempos de antaño, cuando su iglesia crecía en número, las finanzas no eran un problema, la música era buena y la predicación relucía.

El antagonista común

Además de las suposiciones culturales y el sentido de nostalgia, cada uno de los tres métodos tiene un grupo o una filosofía que reacciona en contra de ellos. Cada método es una reacción correctiva a algo que no estaba funcionando en ese momento, o que ya no era ortodoxo, tal como la respuesta de la Reforma a los abusos del catolicismo romano, la reacción de los conservadores ante el liberalismo, o la separación de los evangélicos del fundamentalismo.

Las suposiciones culturales, el sentido de nostalgia y los antagonistas comunes son las fuerzas que forman y definen a los métodos tradicional, pragmático y emergente, cada uno de los cuales promete restaurar la fe vibrante en Estados Unidos.

Capítulo 13: El Método Tradicional

LOS TRES MÉTODOS tienen una historia única. El método tradicional se remonta a la división del protestantismo en los años de 1800 (ver Apéndice 5, "División del protestantismo occidental"). Los protestantes liberales que deseaban que la fe cristiana fuera aceptada entre los intelectuales, renunciaron a las creencias de la Reforma sobre la autoridad y la veracidad de las Escrituras (*recortando a Jesús de la imagen* a su propia manera). Los que permanecieron fieles a los enfoques de la Reforma sobre la Escritura y otras doctrinas históricas de la fe, fueron llamados "conservadores". A inicios del siglo 20, la mayoría de los liberales y conservadores se habían separado.

Sin embargo, entre los conservadores, el debate sobre cuán larga debía ser la lista de los elementos esenciales de la fe, continuó. Durante la primera mitad del siglo 20, los "fundamentalistas" sugirieron que la lista debía ser larga, aún si eso significara excluir a otros o aislarse del resto de la Iglesia. Los fundamentalistas trataron de impedir que *Jesús fuera recortado* manteniendo una ofensiva contra los ataques recibidos hacia sus enfoques sobre la fe histórica. "Los evangélicos" creían que la lista de los fundamentos debía ser corta, a fin de ganar a muchos para Cristo como fuera posible.

Allá por la Segunda Guerra Mundial, los fundamentalistas dedicaron su energía en defender su punto de vista acerca de la ortodoxia. Los evangélicos formaron un consenso de varias partes que se comprometieron a dos elementos básicos innegociables: *la autoridad de la Escritura* (la Biblia) y un énfasis en *la obra vicaria de Jesús de expiar a través de su muerte y resurrección* (la cruz). El método tradicional nació a partir de este consenso evangélico. Los adeptos defendieron vigorosamente estos dos elementos básicos porque representaban los principios fundamentales de la fe cristiana. Vivir para Cristo fue equivalente a defender este concenso (*la Biblia y la cruz*).

La primera fuerza: Las suposiciones culturales

La selección del método tradicional de *la Biblia y la Cruz* como sus distintivos, fue parcialmente influenciada por las suposiciones culturales del racionalismo y el individualismo.

El racionalismo

El enfoque en *la cruz* data del año 1000 d.C., cuando el punto de vista sobre la expiación del *Christus Victor* (los actos salvíficos de Cristo) fue suplantado por varios enfoques unidimensionales acerca de la expiación. Primero, Anselmo describió la obra de Jesús en la cruz como un intercambio legal para la justificación del hombre, basado en la cultura feudal de la época. *La cruz* comenzó a tener una calidad legal y racional. Más tarde, surgieron otros enfoques unidimensionales sobre la expiación, tal como los de Abelardo y Hodge (ver Apéndice 5: "Enfoques acerca de la expiación").

Durante la Reforma,[71] se enfatizó la Biblia como la Palabra autoritativa de Dios, suplantando la autoridad de la Iglesia Católica Romana. Simultáneamente, gracias a la imprenta la Biblia llega a las masas. Y debido a que el racionalismo fue ampliamente aceptado, surgió por primera vez el *estudiante individual de la Biblia*. Más tarde, la edad de la razón (o modernidad) hizo del racionalismo la norma en la cultura occidental, especialmente en la iglesia protestante.

Alrededor de 1800, el racionalismo se afianzó aún más después de la división del protestantismo. Mientras los liberales atacaban la autoridad de la Biblia, los conservadores defendían la Escritura sobre la base de la razón, haciendo del racionalismo la forma principal para expresar la fe cristiana. Allá por la década de 1950, el método tradicional surgió en el contexto de severos ataques a la Biblia, uniéndose a una defensa racionalista de la Biblia que pudo mantenerse firme en contra de los escépticos liberales.

El individualismo a través del concepto de mercadeo[72]
La gestación del método tradicional coincidió con los grandes cambios del comercio estadounidense. Desde la revolución industrial hasta la década de 1920, la sabiduría convencional de una empresa para hacer negocios consistía en hacer productos que podían ser fabricados, ofrecerlos a un bajo precio, para que luego la demanda de ese producto se encargara de lo demás. Esto fue llamado el "concepto de producción". En ese momento, habían muchos clientes, pero no suficientes productos para todos. Puesto que los consumidores en la década de 1920 estaban ansiosos por cualquier producto de bajo precio que llenara sus necesidades básicas, casi no eran necesarias las ventas corporativas ni las técnicas de mercadeo.

Sin embargo, allá por 1930 la producción en masa era algo común y habían más productos disponibles que personas para comprarlos. De hecho, los productos de consumo se volvieron tan comunes que las empresas tuvieron que aumentar la publicidad y la contratación de más personal de ventas para convencer a los consumidores de comprar sus productos. A esto se le llamó el "concepto de venta". Ya no importaba si el consumidor *necesitaba* o no el producto; la meta era derrotar a la competencia, sin importar la satisfacción del cliente.

Después de la Segunda Guerra Mundial, se elevó la cantidad de productos y servicios, y el *concepto de venta* ya no era suficiente. Con una cifra récord de ingresos, los estadounidenses pudieron darse el lujo de ser selectivos sobre los productos que querían. Por primera vez, pudieron elegir *entre varios* productos y comenzaron a demandar productos especializados para satisfacer sus deseos.

Sin embargo, tales deseos no siempre estuvieron claros para las compañías, preguntándose: "¿Qué es lo que quieren los clientes? ¿Podemos desarrollarlo mientras ellos todavía lo quieran? ¿Cómo podemos mantener a los clientes satisfechos?" Todas las empresas de negocios se enfocaron repentinamente en *las necesidades del cliente*.

El cambio resultante fue llamado el *concepto de mercadeo*, la creencia de que "la clave para lograr las metas organizacionales consiste en determinar las necesidades y deseos de los mercados objetivos, llevando las satisfacciones deseadas con mayor eficacia y eficiencia que sus competidores".[73] El *concepto de mercadeo* consolidó la idea de que "el cliente es el rey". Debido a este cambio titánico en la práctica empresarial para el consumidor individual, el individualismo fue incertado en la cultura norteamericana.

El racionalismo y el individualismo mezclados
En la década de 1950, mientras los tradicionalistas continuaban defendiendo la Biblia en contra de los ataques de los liberales, ellos

estaban rápidamente desplegando misioneros y dando forma a nuevas publicaciones, instituciones educativas y organizaciones paraeclesiásticas. Fue un momento emocionante de crecimiento.

Mientras tanto, el *concepto de mercadeo* se estaba desarrollando en Estados Unidos sin mucha atención de los tradicionalistas. Sin saberlo, el método tradicional y el *concepto de mercadeo* fueron creciendo juntos. Ambos estaban influyendo en la cultura estadounidense, dando como resultado una nueva mezcla de cristianismo estadounidense, donde la verdad bíblica (racional) poco a poco estaba siendo percibida como un "producto" que sería bueno para el individuo. Mientras el lenguaje de los negocios se volvía más común en la cultura, los cristianos comenzaron a hablar de su fe en términos de negocio. Por ejemplo, el punto de vista de los estadounidenses acerca de la Biblia fue transformándose gradualmente en un *manual del usuario* de carácter autoritativo para ayudar al cristiano individual.

Como resultado, el cristianismo pasó a ser una búsqueda individual y racional de conocimiento bíblico y de ética personal, hecho posible por la muerte de Jesús en la cruz (*para la salvación personal*). Los sacramentos se enfocaron en el individuo (y no en la victoria de Cristo sobre los poderes del mal). El bautismo ya no era una renuncia de un reino por otro Reino, sino cada vez más un reconocimiento público de la obra de Jesús *para la salvación personal*. El propósito de la comunión se redujo a un recordatorio de la cruz (*para la salvación personal*). Las celebraciones de muchos triunfos pasados, presentes y futuros de Jesús a favor de la iglesia, fueron desapareciendo. Por lo tanto, muchos tradicionalistas creían que simplemente necesitaban crecer en su conocimiento de *la Biblia* (racionalismo) y vivir una vida moral como agradecimiento a la obra vicaria de Jesús *en la cruz* (individualismo). Nada de esto estaba mal, pero redujo la fe cristiana de una forma que nunca antes se había reducido. Debido a estas suposiciones culturales, un tradicionalista recientemente resumió su fe como una adhesión a la "verdad revelada, la doctrina que se ha de creer, las normas morales que se deben seguir y la vida de la iglesia en la que se debe participar".[74]

La segunda fuerza: La época nostálgica

El método tradicional valora una de las cinco épocas nostálgicas (para una discusión más detallada, vea el Apéndice 5).

La Reforma Protestante

Para la mayoría de los tradicionalistas, la Reforma fue un día de renovación y clara enseñanza que articuló la ortodoxia bíblica por cientos de años. La Reforma continúa ofreciendo las marcas que definen a la Iglesia, donde se predica la Palabra de Dios, donde los sacramentos son administrados correctamente y la disciplina es aplicada. Para muchos, este es el ideal que debería mover a las iglesias.

Los días felices

Una segunda época nostálgica de los tradicionalistas es la década de 1950. Fue una época de entusiasmo y energía creativa. Nacieron publicaciones evangélicas, misioneros fueron comisionados como nunca antes, se abrieron escuelas cristianas y se formaron nuevos ministerios, con la promesa de afectar al mundo para Cristo. Líderes influyentes como Billy Graham, John Stott, y J. I. Packer se convirtieron en las voces principales de esta época.

Los 50's fueron también un momento de optimismo en los Estados
Unidos, ya que el país se convirtió en el líder mundial en temas de
negocios, gobierno y milicia. Muchos tradicionalistas anhelan volver
a este periodo, pues fue una época en que las costumbres
tradicionales eran aceptadas en la sociedad, antes de la decadencia de
la moralidad de la década de 1960.

La iglesia primitiva

Otra posible época nostálgica para los tradicionalistas es la iglesia
primitiva, tal como se describe en el Nuevo Testamento. Debido al
uso indebido de la *"Sola Scriptura"* y de la desconfianza creada por la
Iglesia Católica Romana, algunos tradicionalistas dejan totalmente
afuera las lecciones de la historia de la Iglesia. Para ellos, la Escritura
es la *única* fuente de la eclesiología, viendo a las prácticas del Nuevo
Testamento como el modelo para la iglesia contemporánea.

Los días de gloria

Algunos tradicionalistas anhelan aquel tiempo cuando *su iglesia local*
estaba en su apogeo. Así, una iglesia puede recordar la década de los
70's (u 80's) cuando los programas eran vitales, la asistencia era alta y
el futuro lucía brillante. Después de este período, la Iglesia pudo
haber mantenido su vitalidad, pero nunca tanto como "los días de
gloria". Para este tipo de tradicionalista, esta época "estándar de oro"
es usada para medir todas las actividades de la iglesia actual.

El fenómeno del revivalismo fronterizo (movimiento renovador de la fe)

La última época sentimental es la del *revivalismo fronterizo o movimiento
renovador de la fe fronterizo,* un fenómeno estadounidense del Gran
Despertar de 1730-1840 donde evangelistas itinerantes predicaban

sermones convincentes a las grandes multitudes de las ciudades fronterizas, invitándolos a recibir a Cristo para salvación. Para algunos tradicionalistas, especialmente los que con frecuencia mencionan la necesidad de una renovación, esta es una época hermosa que debe ser recuperada.

Los revivalistas cambiaron el objeto de la predicación.[75] Históricamente, la Iglesia había enseñado que cada miembro debía funcionar dentro de una iglesia local que represente a Jesucristo en contra de los principados y los poderes del mal. Este movimiento cambió esta perspectiva, dejando de *proclamar corporativamente* el señorío de Cristo, para intentar ganar *convertidos de manera individual*.

La teología del revivalismo no habló del propósito del Reino de Dios y puso poco énfasis en la Iglesia. La meta era llevar a los pecadores *individuales* a una decisión *individual*, para una fe *individualista*. John Wesley entendió los peligros de este movimiento renovador de la fe cuando dijo: "El cristianismo es esencialmente una religión social ... convertirlo en una religión aislada sería, de hecho, destruirlo".[76]

Un ejemplo de suposiciones del movimiento renovador fronterizo fue el ministerio influyente de D. L. Moody en el siglo 19. Su mensaje se basó en tres conceptos para la salvación del pecador individual: arruinado por el pecado, redimido por Cristo y regenerado por el Espíritu. La predicación de Moody, sin embargo, dejó fuera el propósito más grande del Reino de Dios que va mucho más allá de la salvación personal. Su enseñanza fomentó una visión unidimensional de la expiación.

Para Moody, la iglesia fue una asociación voluntaria de individuos salvos. Su influencia fue tan grande que en la década de 1870 la Iglesia ya no era vista como un cuerpo grande, sino como una *reunión de individuos*.[77] Este énfasis se ha mantenido como parte de la médula del método tradicional hasta el día de hoy.

El revivalismo también cambió el enfoque del *mensaje* y del *mensajero*. Puso más énfasis en *la elocuencia del predicador*. Con el tiempo, se asumió que el número de conversiones estaba directamente relacionado con la *habilidad* del predicador para comunicarse. Esta idea transformó al predicador estadounidense en una celebridad.

Un efecto final del revivalismo es su contribución con la fascinación de los estadounidenses por su *mundo interior*. Antes del revivalismo, el amor propio era visto como la raíz del pecado original, pero los predicadores revivalistas lo usaron como una motivación para la conversión. Michael Horton afirmó: "tanto los liberales como los revivalistas des-enfatizaron la trascendencia de Dios y optaron por ver la Palabra de Dios como algo que brota dentro de una persona y no como algo que viene a una persona desde el exterior".[78] En cierto modo, el interés de los estadounidenses por la introspección podría remontarse al movimiento renovador de la fe fronterizo.

La tercera fuerza: El antagonista común
El método tradicional tiene tres antagonistas principales. Uno de ellos es la Iglesia Católica Romana, contra la que reaccionaron los reformadores. Muchos tradicionalistas siguen teniendo una visión negativa de la religión católica. De hecho, algunos tradicionalistas hablan como si la reforma aún estuviera en proceso hoy en día.

Esta generalizada desconfianza en la Iglesia Católica Romana se extiende a los escritos devocionales de los no-protestantes a lo largo de los siglos, dejando a los tradicionalistas sin la sabiduría atesorada de Aquino, Juan de la Cruz, Juliana de Norwich y Teresa de Ávila.

El segundo antagonista es el cristianismo liberal, o su contraparte no-cristiana, el humanismo secular. Ya que el método tradicional nació a partir del conflicto con las ideas liberales acerca de la Escritura, es fácil comprender por qué el liberalismo es un antagonista. Aún hoy, hay conflictos sobre la veracidad de la Biblia y se gasta mucha energía en responder las preguntas de los escépticos.

Recientemente, el método emergente (junto al postmodernismo) se ha convertido en un antagonista desconcertante para algunos tradicionalistas. Aunque los emergentes vienen de un contexto tradicionalista, están más abiertos al catolicismo romano y al liberalismo, lo cual deja perpleja a una mente tradicionalista. Como resultado, a los tradicionalistas a menudo les cuesta categorizar a los emergentes (y a los postmodernistas), viéndolos como una amenaza.

Enfoque de energía

El método tradicional es definido por su lealtad a una *Biblia racionalista* y a la *Cruz (para la salvación personal)*, añora los días de gloria (la Reforma, los años de 1950, o algún otro periodo) y se opone a la Iglesia Católica Romana, al liberalismo o al postmodernismo. Debido a estos factores, el método tradicional enfoca su energía en retornar a un énfasis racionalista de la Biblia como medio para combatir a sus antagonistas. Por lo tanto, su lema podría ser: **"Dame esa vieja religión, es lo suficientemente buena para mí"**.

Capítulo 14: El Método Pragmático

EL MÉTODO PRAGMÁTICO surgió de las iglesias y ministerios formados por el método tradicional a partir de la década de 1950 hasta la década de 1970.[79] Con el *concepto de mercadeo* que en su mayoría quedó como incuestionable, los tradicionalistas crecieron aceptando al individualismo como forma de vida normal. Allá por la década de 1970, las nuevas técnicas de mercadeo animaron a los cristianos comprometidos a formatear el evangelio en mensajes que eran fáciles de comunicar y producir en masa. Por lo tanto, el método pragmático fue un *intento de utilizar los conceptos contemporáneos de mercadeo para predicar el evangelio a todas las naciones.*

Además, la convulsión social de la década de 1960 sacudió al método tradicional. Las formas antiguas estaban siendo cuestionadas y los pragmáticos reconocieron que las iglesias necesitaban reaccionar a los cambios culturales. Ellos comprendieron que la iglesia local ya no era el único lugar para "ser alimentados". Los cristianos empezaron a obtener la enseñanza por la radio, la televisión y otros medios. También, los no-cristianos tenían más posibilidades de ocio que nunca y de repente las iglesias locales se encontraron compitiendo con los medios alternativos de la sociedad. Las iglesias también se dieron cuenta de que competían unas con otras en términos de reducción de su feligresía. Con tal de sobrevivir, las iglesias y denominaciones se sintieron presionadas por encontrar la manera de llegar a un público más amplio, comunicarse con mayor eficacia y empaquetar el mensaje del evangelio en su forma más simple.

En general, los pragmáticos son los creyentes que se convirtieron entre 1975 y 2000 y que fueron influenciados por los cambios ocurridos en la iglesia estadounidense durante este período (ver Apéndice 5: "La división del protestantismo occidental").

Socavando a la iglesia local

Durante la década de 1950, mientras el método tradicional se estaba formando, fueron creadas instituciones paraeclesiásticas para fortalecer a la Iglesia. Pero entre los años de 1970 y 1980, las mismas organizaciones que habían apoyado a las iglesias locales comenzaron involuntariamente a *socavar* la iglesia local. Por ejemplo, los ministerios estudiantiles se unieron para simplificar el evangelio para atraer a las masas, especialmente a los estudiantes intelectuales universitarios. Durante los años de 1980 yo era líder de dos de estos grupos, la Asociación de Atletas Cristianos y la Asociación Cristiana Inter-Universitaria (InterVarsity). Mis compañeros y yo buscábamos nuevas formas de compartir el evangelio y discipular a los nuevos creyentes. Nuestro objetivo era traer la mayor cantidad posible de personas a Cristo, lo más rápidamente posible.

Debido a que nosotros no entendíamos completamente la enseñanza bíblica de que la Iglesia era el agente del Reino de Jesús, ofrecíamos la fe *separada de* la Iglesia y hacíamos de la asistencia a la iglesia local algo *opcional*. Muchos de nosotros enseñábamos que el ministerio universitario podría ser una fuente de alimento individual y de comunión. Por lo tanto, los creyentes tenían la libertad de asistir a una iglesia local si ésta satisfacía sus necesidades y agendas, pero mientras ellos estuvieran siendo alimentados y creciendo en Cristo, no necesitaban de una iglesia local para vivir una vida cristiana.

Ya que mirábamos a las iglesias como proveedoras alternativas de "alimento", no exagerábamos al pensar que la *Primera Iglesia Presbiteriana* era como Burger King y que *Inter-Universitaria* como McDonalds. En 1980 pragmáticos como yo empezaron a verse a sí mismos como *cristianos separados de la iglesia local*. El cristianismo se había convertido en una relación personal entre "Dios y yo". Los que *asistían* a la iglesia comenzaron a elegir una iglesia que se ajustara a sus preferencias personales, como cuando las personas van a comprar un carro familiar. En respuesta, las iglesias comenzaron a diseñar sus programas y actividades para atraer a los miembros basándose en sus necesidades, que a menudo coincidían con los gustos contemporáneos de entretenimiento norteamericano. El método pragmático adoptó una fe individualista, enfocada en el YO y orientada en el consumidor. En lugar de ver esto como una debilidad que debía ser resistida, los pragmáticos lo usaron como una oportunidad que debía ser explotada. El éxito empresarial reemplazó la fidelidad a la *Historia del Reino*.

Un cambio de énfasis

El método pragmático continuó los compromisos de los tradicionalistas acerca de una *Biblia racionalista* y de la *Cruz (para la salvación personal)* como principios básicos de la ortodoxia, pero los esfuerzos se enfocaron en una *comunicación óptima* de la Biblia y la Cruz, tal como los *números* lo mostraron. Las nuevas preguntas fueron: "¿Estamos llenando las bancas? ¿Es el mensaje persuasivo y atractivo? ¿Cuántas personas están respondiendo? ¿Estamos satisfaciendo las necesidades de las personas?" Reconocemos estas suposiciones pragmáticas por la forma en que una iglesia atrae a los nuevos asistentes. Ejemplo: una iglesia pragmática podría describirse como "una iglesia amigable y cálida con programas activos y una experiencia de adoración vital e insuperable, que cuenta con un ministerio juvenil divertido y seguro para sus hijos". El énfasis está en los programas y actividades que atraen a las personas para llenar sus necesidades personales. Ver el ejemplo de la figura 15.[80]

¡Hola Vecino!

¡Por fin! Una nueva iglesia para aquellos que han renunciado a los servicios de la iglesia! Seamos realistas. Muchas personas no están activas en la iglesia en estos días.
¿POR QUÉ?

Con demasiada frecuencia
– los sermones son aburridos y no se refieren a la vida diaria
– muchas iglesias parecen interesarse más en su billetera que en usted
– los miembros son antipáticos con las visitas
– usted nota la poca atención que sus pequeños reciben en la Sala Cuna

¿Cree usted que asistir a la iglesia debe ser agradable? BUENO, ¡TENGO BUENAS NOTICIAS PARA USTED!

La Iglesia del Valle es una iglesia nueva, diseñada para satisfacer sus necesidades en la década de 1990. En la Iglesia del Valle usted
– Conoce a nuevos amigos y a sus vecinos
– Disfruta de música emocionante, con un sabor contemporáneo
– Escucha un mensaje positivo y práctico que le alienta cada semana a
  - Sentirse bien con usted mismo
  - Superar la depresión
  - Tener una vida plena y exitosa
  - Aprender a manejar su dinero sin que éste lo maneje a usted
  - Encontrar el secreto de una vida familiar exitosa
  - Superar el estrés
– Confía a sus hijos al cuidado de dedicados servidores de Sala Cuna

¿POR QUÉ NO SER ALENTADO EN VEZ DE SER DECEPCIONADO ESTE DOMINGO?

Figura 15: Publicidad de una iglesia pragmática

Otra forma de reconocer una mentalidad pragmática es porque enfatiza los números como evidencia de fruto espiritual. Por ejemplo, mi esposa y yo somos miembros de una clase de escuela dominical de adultos llamada "Épico", que se formó para ayudarnos a cambiar la perspectiva de "la adoración como un seminario" a "la adoración como celebración" (ver Capítulo 6). Cuando la clase comenzó, lo que la mayoría de los amigos quería saber era *cuántas personas* estaban presentes, como si los números fueran un indicador de éxito. Sus preguntas indicaban la influencia del método pragmático.

Suposiciones culturales

El método pragmático fue fuertemente influenciado por el *concepto de mercadeo*. Mientras que el método tradicional silenciosamente lo aceptó como una expresión cultural "neutral", los pragmáticos lo vieron como una "virtud", haciéndolo el mecanismo central para la evangelización en la década de 1970. Dado que el *concepto de mercadeo* comienza siempre con *el cliente*, las iglesias comenzaron a orientar sus programas y actividades en torno a las necesidades de las personas que no tenían iglesia. El método pragmático busca diseñar programas que echen mano del poder de Dios a fin de producir resultados.[81] Por ejemplo, muchas iglesias se unieron para la campaña *Ya la encontré* de 1976, un esfuerzo masivo de comunicación utilizando los principios de mercadeo más recientes para compartir el evangelio. Como un joven cristiano que participó en la campaña, me enseñaron a hacer llamadas telefónicas de telemercadeo para compartir el evangelio y responder a preguntas de los consumidores. El programa se orientó en la salvación personal (individualismo), respondió preguntas de los escépticos (racionalismo) e hizo de la membresía de la iglesia algo personal (aunque la iglesia fue muy estimulada a participar).

La Biblia

Los pragmáticos creen que la Biblia es verdadera, pero también *buena para el individuo*, que ofrece no sólo el mensaje de la vida eterna para la era venidera, sino también una ayuda para la vida en la tierra. Con la Biblia como el "manual del usuario", los líderes de iglesia aplicaron agresivamente los principios de mercadeo para atraer a la gente a la fe cristiana. La premisa era que, teniendo el mensaje correcto, cualquiera pudiera "comprar" la fe personal en Cristo.

En la década de 1980, obtuve mi Maestría en Administración de Empresas tomando una serie de clases de mercadeo, incluyendo una clase llamada "comportamientos de la decisión del consumidor". El consumismo se había convertido en una ciencia que rápidamente fue penetrando en la cultura estadounidense dominante y también en la iglesia pragmática. Desde entonces, el lenguaje del mercadeo se ha convertido en algo común en la iglesia, tal como "encontrar un lugar para nuestra iglesia". En 1988, Barna llegó a decir: "Mi tesis, basada en un estudio cuidadoso de datos y actividades de las iglesias de Estados Unidos, es que el principal problema que sufre la iglesia es su incapacidad para adoptar una orientación de mercadeo en aquello que se ha convertido en un escenario orientado al mercado".[82]

A medida que el *concepto de mercadeo* se volvía aceptable, el nuevo rey soberano fue el *consumidor individual*. De manera sutil, Jesús ya no era el Rey de su reino. Jesús fue *recortado de la imagen*.

Un discipulado perdido

Los pragmáticos creían que el mensaje del evangelio debía ser conciso y atractivo. El nuevo paradigma era que una vez que la gente tomara una "decisión de compra" (aceptar a Cristo como Salvador), ellos podrían más adelante basarse en los aspectos más complicados o desagradables del discipulado. No tenía ningún sentido introducir a los creyentes a todas las complejidades del cristianismo, cuando era tan sencillo "aceptar el pago de Cristo sobre el pecado en la cruz". Dado que las iglesias diseñaron sus servicios y actividades para atraer a los de afuera, trataron de "mantener todo fácil y sencillo". Pero en ese ambiente, una vez que una persona recibía a Cristo, habían pocas oportunidades de conocer los aspectos más profundos y desafiantes del discipulado. Mientras los nuevos creyentes se hacían viejos en la fe, eran mal equipados para discipular a los nuevos, pues ellos mismos nunca habían sido orientados hacia la madurez cristiana.

Los nuevos sumos sacerdotes
La década de 1970 también trajo una nueva apertura al movimiento de auto-realización que se inició en 1960. Con ello llegó un nuevo interés por la introspección y la salud psicológica. Esto encontró su forma en la iglesia como un método para asegurar una buena vida, donde la Biblia era vista como el *último recurso* para la salud mental. Así, mientras que los tradicionalistas habían reverenciado al pastor como el "hombre del púlpito" (la principal fuente de la verdad bíblica), los pragmáticos comenzaron a ver al pastor como la primera instancia para la consejería personal. Si el pastor no podía proporcionar consejos útiles, entonces se buscaba asesoramiento profesional como una solución alternativa. Con el avance de la psicología como ciencia legítima, muchos cristianos creyeron que los terapeutas tenían los medios más efectivos (racionalismo) para hacer frente a las dificultades de la vida (individualismo). Como resultado, los consejeros se sobrepusieron a los pastores como los nuevos "sumos sacerdotes" de su pragmática fe.

Pastores de fama

El enfoque tradicionalista era que el pastor era alguien que estaba "tan cómodo con los libros y el aprendizaje como con los achaques del alma, quien cada domingo conducía al rebaño por los tesoros de la Palabra de Dios".[83] El pragmatismo alteró estas expectativas. El pastor pasó de ser un *pastor de confianza* a un *comunicador de fama*. El movimiento renovador de la fe fronterizo (ver capítulo 13) había propagado la idea de que era necesaria la comunicación efectiva para ganar a muchos para Cristo; y allá por la década de 1970 cinco décadas de industria estelar de Hollywood habían hecho de la celebridad un accesorio fundamental de la vida estadounidense. La proliferación de la televisión y otros medios publicitarios, junto con el *concepto de mercadeo*, hicieron lógico suponer que si una iglesia iba a ser saludable necesitaría de un líder atractivo, elocuente y carismático.

Hace unos años, fui testigo de la manifestación de este erróneo pensamiento durante una reunión congregacional para considerar a un candidato pastoral. Un hombre pidió el micrófono y citó la investigación de Barna acerca de la necesidad de contar con un *comunicador de clase mundial*. Al parecer, sin tratar de herir los sentimientos de los candidatos altamente calificados que estaban de pie ante la congregación, el hombre empezó a quejarse del por qué no se pudo encontrar un orador más carismático. Él dijo: "Después de todo, vivimos en Burbank, la capital mediática del mundo. ¿No pudimos encontrar a alguien mejor que hable a nuestra cultura?" Mientras muchas personas asintían con sus cabezas, sus ridículos argumentos fueron incuestionables.

La época nostálgica

Debido a los valores del método pragmático "lo que funciona para mí", es difícil definir una época nostálgica específica. A los pragmáticos no les interesa mucho la historia, a menos que tenga alguna relación directa con su vida personal, por lo que muy pocos hacen referencia a la Reforma u otros períodos históricos de la iglesia. Los pragmáticos no tienen un grupo común de doctrinas, pero les une su deseo de *satisfacer las necesidades del individuo*. Por tanto, cada pragmático podría tener una idea distinta de lo que fueron los "años gloriosos". Para la mayoría, fue la época más personalmente satisfactoria que tuvieron como *individuos*. Por ejemplo, para los que nacieron entre 1946 y 1960 ven la década de 1960 como los mejores días de sus vidas, mientras que otros ven los 70's o los 80's como idílicos. Algunas personas se acuerdan de la época en que recibieron a Cristo, o del momento vibrante cuando crecían en su fe personal. Ellos a menudo pasan toda su vida buscando "obtener ese sentimiendo otra vez".

El antagonista común

El método pragmático está en contra de lo que "no funciona". Por lo tanto, los pragmáticos reaccionan en contra del método tradicional por ser demasiado "de iglesia", que, a su juicio, aleja a la gente de la iglesia. Cada iglesia pragmática se ve en el proceso de sobrevivir, compitiendo con otras iglesias o con actividades que mantienen a la gente alejada de los servicios de la iglesia.

David Wells expresó los temores de los pragmáticos, así: [Son] empujados por la idea de que las cosas se están estancando en la iglesia evangélica y que las formas antiguas de "hacer" la iglesia no van a funcionar con las nuevas generaciones. Siendo así, las iglesias deben cambiar su forma de hacer las cosas o estarán en peligro de extinción ... la Iglesia es como un producto que se vuelve obsoleto, dado al paso del tiempo y a la avalancha de la innovación.[84] Debido a la necesidad de sobrevivir, los pragmáticos abrazan algunas de las técnicas del método emergentes (Capítulo 15), pero sólo cuando funciona para *atraer a la gente*. Ellos no se unirán al método emergente en asuntos de principios, pero sí por razones pragmáticas.

A veces los pragmáticos desprecian sus propias suposiciones, pero no saben cómo liberarse de ellas. Hugh Halter dijo:

> Vamos a la iglesia para conseguir lo que queremos (para alimentarnos de un líder), no lo que necesitamos (para alimentarnos a nosotros mismos y a otros). Y si no conseguimos lo que queremos nos dirigimos a la iglesia de al lado, ya que ese pastor es mejor para darnos lo que queremos. Aunque frustrados por el enfoque consumista de sus seguidores, los pastores asalariados de hoy no se atreven a decir lo que sienten en sus corazones, por miedo a perder el diezmo de sus asistentes. A menudo, la presión es tan fuerte, que se encuentran frenéticamente tratando de actualizar su sermón, aumentando los programas para atraer a la gente, o maquillando el mensaje del evangelio.[85]

Enfoque de energía

El método pragmático centra su energía en el constante cambio para satisfacer la demanda de los consumidores, a fin de mantener la asistencia y el apoyo al presupuesto. Las iglesias pragmáticas incorporan la multimedia [uso del ordenador para presentar texto, gráficas, video, animación y sonido (los 5 en una forma integrada)] y el teatro para llegar a los no creyentes. Los pastores se sienten presionados a eliminar las partes desagradables de la vida de la iglesia. Dado que los pragmáticos tienen miedo de convertirse en obsoletos e irrelevantes, tienden a contratar personal especializado en hacer "divertida" la vida de la iglesia. Debido a la necesidad de responder a los cambios del mercado, hay una infinidad de técnicas del "cómo se hace", implicando la extinción de la iglesia, a menos que se aplique hábilmente la experiencia adecuada.

Un ejemplo es el estudio llamado **Revelar**, realizado por la Iglesia Willow Creek en 2007. Willow Creek, un prototipo del método pragmático, anunció públicamente que algo estaba mal en su enfoque de iglesia. Una encuesta reportó que aquellos que estaban *más centrados en Jesús eran los más decepcionados con la iglesia y los más propensos a abandonarla.* Sin embargo, los nuevos en la fe encontraron a la iglesia lo más satisfactorio. Willow Creek concluyó que sus programas eran buenos para atraer a gente nueva a la fe, pero inefectivos en la previsión del aburrimiento para los más veteranos. Los líderes de Willow Creek dijeron: "Creímos que algunas de las cosas donde poníamos millones de dólares ayudarían a nuestra gente a crecer espiritualmente, pero los datos revelan todo lo contrario .... Hemos cometido un error .... Nuestro sueño es que cambiemos en esencia la forma de hacer iglesia. Que repensemos y escribamos nuevamente todas nuestras antiguas suposiciones. Reemplazándolas con ideas nuevas, basadas en la investigación y enraizadas en la Escritura".[86]

Note las influencias pragmáticas culturales que subyacen al estudio <u>Revelar</u>. Comenzaron con el cliente (individualismo) y luego realizaron una encuesta (racionalismo) para determinar cómo se sentía el cliente (individualismo) con relación a los servicios ofrecidos (*concepto de mercadeo*). Colocaron un gran valor a la investigación y el análisis (más racionalismo). La encuesta puso mayor valor a la relación individual con Cristo (individualismo). No es de sorprender que cuanto más eran nutridos los creyentes con este enfoque CHICO, más descontentos estaban y más propensos de abandonar la iglesia. Los que eran nuevos en el enfoque CHICO lo vieron emocionante al principio, pero con el tiempo fueron cambiando.

En vez de poner fin a su enfoque CHICO y trazar un camino ÉPICO, buscaron hacer sus actividades con un *enfoque aún más personal*. Por ejemplo, una opción era proveer a los creyentes un mentor espiritual, similar a un entrenador personal,[87] ayudar a las personas a experimentar su propia realización y crecimiento personal (más individualismo), en lugar de reorientarles para que aportaran al Reino. En vez de atender a un deseo personal de estar "espiritualmente en forma", un mejor enfoque sería orientar a los nuevos creyentes a su identidad de Reino, como el *Pueblo de la Historia*.

El método pragmático se basa en el *concepto de mercadeo*, define nostalgia de una manera personal y lucha con todo lo que compite con la asistencia de la iglesia. Para los pragmáticos, el declive de la iglesia actual es especialmente preocupante porque pone presión para encontrar una solución de mercadeo inteligente. Debido a estos factores, su lema podría ser:

"¿Funciona esto? Si no es así, tenemos que arreglarlo".

Capítulo 15: El Método Emergente

EL MÉTODO EMERGENTE tiene sus raíces en los métodos tradicional y pragmático. Comparte mucho de sus compromisos bíblicos y la obra redentora de Cristo, haciendo comprensible el Evangelio a la cultura.

Sin embargo, busca separarse de los tradicionalistas y pragmáticos tocante a su uso excesivo del racionalismo (o "Modernidad"). El método emergente apareció en la década de 1,990 en un intento de contextualizar el evangelio en una cultura posmoderna. Muchos de sus miembros son jóvenes que se han convertido a Cristo desde el año 2,000 (ver Apéndice 5: "La división del protestantismo occidental"). A pesar de estos parámetros generales, encontrar una definición precisa del método emergente es una gran tarea.

Primero, el método emergente va desde aquellos que están *estrechamente comprometidos con la fe cristiana histórica* hasta aquellos que han *abandonado la autoridad de las Escrituras* y que son más liberales que conservadores. Dentro de la misma iglesia emergente puede haber una variedad de compromisos hacia la fe apostólica y ortodoxa.

Segundo, los emergentes se resisten a caracterizarse ellos mismos en términos precisos. No les gusta hacer declaraciones proposicionales dichas en términos categóricos,[88] especialmente respecto a la teología (por ejemplo, "La verdad acerca de Dios es ___"). Son pesimistas respecto a la validez que otros le dan a la "verdad trascendente y objetiva". Tercero, todo movimiento es difícil de definir durante sus inicios, especialmente uno que use "emergente" como su apodo.

Suposiciones culturales

La cultura postmoderna es la fuerza impulsora del método emergente. Mientras los tradicionalistas y los pragmáticos están menos conscientes de que fueron formados por factores culturales, los emergentes abrazan la influencia que ejerce la cultura sobre cómo las personas entienden su fe. De hecho, en muchos aspectos, el método emergente *se origina desde el lugar de la cultura.*[89] Los emergentes parecen confiar en que su *pesimismo hacia la verdad trascendente* será la última y más completa fase de la filosofía humana, y que nada superior puede suplantarlo. Por lo tanto, ellos esperan un continuo surgimiento en el cual su filosofía englobe las nociones anticuadas de los tradicionalistas y pragmáticos. La suya es una nueva y emocionante búsqueda de la verdad, experimentada a través de sus viajes de fe personal y colectiva.

El racionalismo y la Biblia

Colocando un valor limitado al racionalismo, los emergentes reaccionan en contra de los cometidos bíblicos *estrictamente racionales* de los tradicionalistas. No reaccionan en contra de la Biblia, sino les disgustan los *enfoques racionales* que emplean los tradicionalistas. Los emergentes prefieren abordar a la teología como una *conversación.* Reconocen a la Biblia como la fuente autoritativa de la narrativa de Dios, pero no valoran a las Escrituras de la forma lingüística-mental en que lo hace el método tradicional. Contrario a los pragmáticos y tradicionalistas, que enfatizan la *acumulación de información* como medida de madurez, los emergentes están más interesados en la *transformación personal.* Buscan un *auténtico discipulado y una experiencia genuina* por encima de la auto-ayuda y la "transferencia de información" de los pragmáticos.[90]

Sin embargo, al igual que los pragmáticos y tradicionalistas, los emergentes abordan las Escrituras de manera "muy exigente", basados en lo que parece más relevante para el individuo. El individuo es soberano, no la historia bíblica que ha sido creída durante siglos. Como lo dijo el autor Scot McKnight de la Iglesia Emergente: "Creemos que la Gran Tradición ofrece varias formas de decir la verdad sobre la redención de Dios en Cristo, pero no creemos que cualquier teología tenga toda la razón".[91] David Wells observa que para los emergentes "el cristianismo trata acerca de cómo completar *mi* historia, siendo impulsado en *mi* viaje por las Escrituras y el Espíritu Santo, e impulsado dentro del mundo (post) moderno. No trata acerca de cómo ajustarnos dentro de la narrativa bíblica".[92] Tales nociones individualistas *recortan a Jesús de la imagen.*

Los emergentes prefieren hablar de "narrativas" en lugar de teología sistemática, por lo que a menudo no confían en una única y autoritativa *meta-narrativa* (una que lo explica todo). En el mejor de los casos, los emergentes son humildes en su capacidad de conocer la verdad de manera objetiva.[93] En el peor de los casos, los emergentes carecen de sumisión al mandato de Cristo de creer en toda la narrativa bíblica[94] (las escrituras que testifican de Jesús, Juan 5:39).

Contextualizar

Los emergentes parecen asumir que ya entienden el evangelio y que están equipados para contextualizarlo en un escenario postmoderno. Sin embargo, esta no es una buena suposición. Muchos emergentes tienen un trasfondo tradicionalista o pragmático y traen con ellos algunas de sus ideas *recortadas de la imagen".* En su loable intento de desafiar a la Iglesia a un discipulado más serio, se apuran pasando por alto la necesidad de contar con una definición objetiva de la fe cristiana. En muchos casos, el *individuo* emergente, no la *Historia de la obra de Dios*, se convierte en el árbitro de la verdad. Como Gibbs y Bolger dicen: "En un tiempo de inmenso cambio cultural y de separación con la iglesia, las iglesias emergentes recuperaron el Jesús de los Evangelios, mas no necesariamente el Cristo de la historia".[95] Por lo tanto, su incoherente identidad les deja sin suficiente tracción para contextualizar. Un mejor enfoque sería comenzar con una comprensión definitiva de la historia del Reino, para *luego* contextualizar en la cultura postmoderna.

Comunidad

Los emergentes se oponen a la fe privatizada de los tradicionalistas y pragmáticos, prefiriendo auto-actualizarse en grupos pequeños y conectados.[96] Tratan de alejarse de enfoques de relevancia personal, viviendo su fe en comunidad. Pero la realidad es que buscan la verdad *personal* dentro de un grupo donde los fieles persiguen una experiencia con Dios a través de diversas formas individualistas. El *individuo* es quien determina cuál es la adoración más aceptable. Como un emergente dijo: "comience a expresarse usando herramientas que entienda. Usted puede entender el diseño gráfico, puede entender las flautas búlgaras; los medios de comunicación son irrelevantes".[97]

Si bien valoran la comunidad, le dan continuidad al enfoque pragmático de que las instituciones tienen la obligación de servir al *individuo*.[98] Algunos emergentes necesitan reuniones para ser relevantes en un grado mucho mayor que los pragmáticos. "Queremos creatividad, arte y escucharnos unos a otros. Una reunión es buena si tan sólo hay propósito detrás de ella".[99] En vez de comenzar con un credo objetivo e histórico de la fe cristiana, los emergentes tratan de descubrir el significado de sus vidas personales, usando una versión subjetiva y emergente del evangelio. En estos casos, donde la experiencia subjetiva y personal está por encima de la fe histórica, *los emergentes son pragmáticos.*

La mayoría de emergentes serían esenciales para el enfoque CHICO (Contemporáneo, Hablado, Individualista, Cognoscitivo). En este sentido, el método emergente sirve como una mejora saludable para la fe cristiana CHICA. Sin embargo, si bien pueden describirse a sí mismos como ÉPICOS (Experimental, Participativo, Imágenes, Cristo-céntrico Orientado), ellos son tan *individualistas* en sus planteamientos que su método es otra variación de lo CHICO. A pesar de todo lo bueno que están haciendo, el método emergente *recorta a Jesús de la imagen.*

La época nostálgica

En el método emergente muchos desean volver a la iglesia primitiva anterior a Constantino (ver Apéndice 5). Los escritores contemporáneos se refieren a Constantino como el que puso fin a la era de la iglesia y quien dio paso a una iglesia institucional (la cristiandad), de la cual nunca se ha recuperado el cristianismo. Su esperanza es que el método emergente restaurará la auténtica fe cristiana.[100] Buscan intensamente la manera de re-emplear los compromisos de la iglesia primitiva con las enseñanzas de Jesús, la vida en comunidad y la re-integración de lo sagrado con lo secular (ver Capítulo 7).[101] Los emergentes están abiertos a incorporar prácticas antiguas en su adoración, siempre y cuando no procedan de la iglesia institucional.

El antagonista común

Los emergentes a menudo reaccionan a la hipocresía y la superficialidad que ven en los tradicionalistas y pragmáticos. Por eso, algunos emergentes se llaman a sí mismos "postevangélicos".[102] Desean una fe auténtica, relevante, que impregne sus acciones. Anhelan "hechos, no creencias", y son antagónicos a las expresiones racionalistas o comercializadas de la fe.[103]

Salvación personal versus ética misional

En un esfuerzo por separarse de la superficialidad de la fe privatizada, algunos emergentes creen que el énfasis en la "salvación personal" puede ser una distracción que debe evitarse. En contraste, los emergentes prefieren poner *las enseñanzas y el ejemplo de Jesús*, especialmente el Sermón del Monte, por encima de *su obra en la cruz*.[104] Ellos creen que la vida y las enseñanzas de Jesús (que ellos llaman ser "misional") ofrecen un sentido ético más fresco y auténtico. Este enfoque misional es tan vital que a veces hablan como si "el Reino" es sinónimo de "misional". En algunos aspectos, la pasión de los emergentes por la *ética misional* ha sustituido la prioridad de los tradicionalistas por la *santidad personal*. El enfoque misional de los emergentes es admirable, pero puede inadvertidamente *recortar a Jesús de la imagen*, minimizando la cruz y las otras obras de Cristo. *Las enseñanzas misionales de Cristo* pueden convertirse en el nuevo "enfoque unidimensional" del cristianismo. Michael Horton dijo: "Cuando la misión y el ministerio se enfocan en nuestra *vivencia del reino* y no en aquel que trajo y trae su propio reino, introduciéndonos a nosotros y a nuestros oyentes en él a través de su evangelio, Cristo como el ejemplo puede sustituir eficazmente a Cristo como el Salvador, al menos en la práctica".[105]

Política

Los emergentes se sienten incómodos con la conexión percibida entre el método tradicional y la política conservadora, al ver paralelismos con el cristianismo de Constantino y la reciente religión cívica estadounidense. Como resultado, tienden a ser menos conservadores en su política que los tradicionalistas.

Enfoque de energía

El método emergente busca contextualizar el cristianismo dentro de la cultura postmoderna. En su esfuerzo por vivir un evangelio misional, los emergentes están dispuestos a "acoger al extranjero, servir con generosidad, ser actores en vez de productores, crear siendo seres creados y tomar parte en las actividades espirituales".[106] Enfatizan el servicio a los pobres como una forma de vida (no sólo como un programa) y usan sus profesiones como un medio para acuerpar el evangelio, haciendo hincapié en la Iglesia *dispersa*[107] más que en la iglesia *reunida* (ver Capítulo 8). Por último, lo emergentes tratan de hacer una teología menos divisiva, fomentando un diálogo abierto y resistiéndose a la "línea gruesa" que separa a los de adentro con los de afuera. Ya que los emergentes experimentan con formas postmodernas para vivir la vida de Jesús en comunidad, su lema podría ser:

"¿Es eso auténtico y relevante?"

Capítulo 16: Cómo se recortó a Jesús de la Imagen

LOS MÉTODOS TRADICIONAL, PRAGMÁTICO y emergente, son tres expresiones distintas de lo CHICO, cada uno de los cuales ha *recortado a Jesús de la imagen*. La figura 16 resume los enfoques y suposiciones de cada método:

Tradicional	Pragmático	Emergente
Punto de partida		
Reacción al liberalismo	Consumidor individual	Cultura postmoderna
Suposiciones culturales		
Racionalismo, enfoque unidimensional (centrado en la cruz) de la expiación	Concepto de mercadeo, enfoques terapéuticos	Postmodernidad, relevancia personal
Principio fundamental		
La Reforma	Mi relación personal	Enseñanza y ejemplo de Jesús (misional)
Énfasis en la comunicación		
Biblia racionalista; Salvación personal (Cruz)	Reducción del mensaje para atraer a las masas	Mi relato cumple con la narrativa de Dios
La época nostálgica		
La década de 1,950	Década personalmente significativa de la vida	Pre-Constantino
Antagonista común		
El liberalismo y el Catolicismo Romano	Competencia por ganar la asistencia en la iglesia	La modernidad, la cristiandad

Figura 16: Los tres métodos

Tradicional	Pragmático	Emergente
Lentes bíblicos		
Racional	Pragmático	Narrativo
Tema		
El rescate	El individuo	El individuo
Objeto		
Cristo	Cristo	Cristo
Enfoque de energía		
Volver a los días de gloria	Buscar lo que funcione	Ser misional en la postmodernidad
Lema		
Ser bíblico	Ser efectivo	Ser relevante

Figura 16, continuación: Los tres métodos

Durante los primeros 1000 años de la Iglesia, Jesús (el *Christus Victor*) y su historia del Reino, fueron el enfoque principal. Las fuerzas culturales y filosóficas que siguieron durante los últimos siglos, lentamente han *recortado a Jesús de la imagen* de su propia historia, reduciendo lo que una vez fue una visión del mundo épico, imponente y siniestra, a tal punto que el *Christus Victor* apenas puede ser reconocido en la iglesia estadounidense.

Antes de que fuera miniaturizada, la historia incluía:

◇ Múltiples aspectos de la obra salvífica de Cristo
◇ Componenetes narrativos y racionales
◇ A Cristo como el **TEMA** y la Iglesia como el **OBJETO**
◇ Toda la Biblia como la Historia de Dios
◇ Alcance y profundidad trascendentes

Después de la obra de Anselmo y Abelardo (véase el Apéndice 5, puntos de vista de la Expiación), la iglesia perdió las múltiples dimensiones de la expiación (Christus Victor) y el diablo fue parcialmente recortado de la imagen. Webber dice: "El eslabón perdido en la teología occidental, es un profundo aprecio por la encarnación y el subsecuente tema del Christus Victor sobre cómo el Dios encarnado obtuvo una victoria sobre el pecado y la muerte".[108]

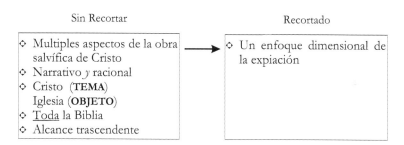

En la Reforma, surgió una visión racionalista e individualista de la Biblia, recortando la calidad narrativa de la Biblia:

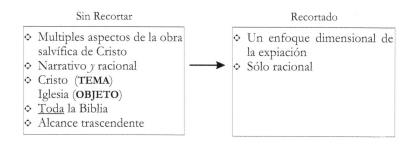

El Revivalismo Fronterizo y el *Concepto de Márketing* ponen a la salvación de la persona, la vida interior y las necesidades del consumidor al frente de la fe, haciendo que el Rescate sea el nuevo TEMA, relegando a Cristo como el OBJETO:

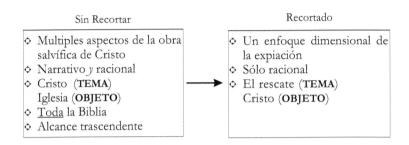

Con el Método Tradicional, la rica historia de Cristo quedó reducida a *una Biblia racionalista y a la Cruz (para la salvación personal)*. Con el Método Pragmático, la Biblia fue abreviada para convertirse en un manual del usuario de los consumidores, y el cristianismo fue empaquetado en mensajes fáciles de entender que atraerían a los no creyentes a la fe en Cristo. El individuo se convirtió en el nuevo TEMA, reemplazando "al Rescate", y la Iglesia se volvió obsoleta:

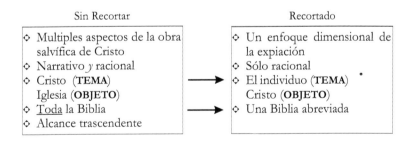

Con la posmodernidad, lo que antes fue una visión rica y trascendente de Cristo, fue destilada para atraer a una cultura llena de información, inundada por vivas y poderosas imágenes, obstaculizada por una falta de atención, y abandonada a interpretar el mensaje a través de su experiencia individual y subjetiva:

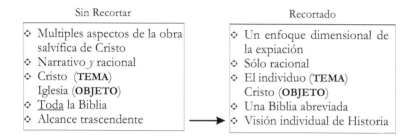

Sin Recortar	Recortado
◇ Multiples aspectos de la obra salvífica de Cristo ◇ Narrativo *y* racional ◇ Cristo (**TEMA**) Iglesia (**OBJETO**) ◇ <u>Toda</u> la Biblia ◇ Alcance trascendente	◇ Un enfoque dimensional de la expiación ◇ Sólo racional ◇ El individuo (**TEMA**) Cristo (**OBJETO**) ◇ Una Biblia abreviada ◇ Visión individual de Historia

Lo que antes era ÉPICO se había convertido en CHICO (ver figura 17). Cristo ya no era el Rey que triunfa sobre el diablo a través de la Iglesia, sino un personaje histórico que murió por "mi salvación personal", que le pide a la gente estudiar su manual con el fin de ser personas éticas hasta que Él regrese para llevarlos al cielo.

El Christus Victor
La Autoridad de Cristo sobre Todo

~ 1000 *Anselmo* — **Enfoque Unidimensional** — *Pérdida de reconocimiento de las victorias de Cristo*

1517 *Reforma* — **Racionalismo e Individualismo** — *Pérdida de la Narrativa*

1730 *Movimiento renovador y*
1945 *Concepto de mercadeo* — **Fe Formulista** — *Pérdida de Cristo como el Tema*

1975 *Método Pragmático* — **Fe Poco Profunda** — *Pérdida de la Iglesia de Cristo como el Agente*

1990 *Movimiento Emergente* — **Fe Insegura** — *Pérdida de la Historia Objetiva de Cristo*

Figura 17: Recortes sucesivos

Jesús ha sido *recortado de la imagen*.

Este proceso de recorte anuló las posibilidades de los cristianos de gozar todas las riquezas de la fe histórica y ortodoxa, poniéndose en el centro de la historia. No es de extrañar que los cristianos estadounidenses estén aburridos y anhelando una renovación.

....

Conclusión

Mi viaje me llevó a un punto importante. Había encontrado la fuente del declive representado en tres métodos contemporáneos: El tradicional, el pragmático y el emergente, cada uno de los cuales está formado por las fuerzas culturales, la época a la que quisiera regresar y los antagonistas con los que contiende.

El tradicionalista dice: "Enfaticen más el uso racionalista de la Biblia, enfocados en la salvación personal, a fin de derrotar a nuestros antagonistas. Los cristianos serán restaurados a una fe vibrante, si volvemos a lo que funcionó en una de las épocas nostálgicas".

El pragmático dice: "Hagan un mejor trabajo de mercadeo a través de programas, presentaciones y actividades para la causa de Cristo. Ofrezcan mejores ideas para atraer a la gente".

El emergente dice: "Sean más relevantes a la cultura postmoderna por la causa de Cristo. Vuelvan a lo que la iglesia era antes de Constantino y restauren la iglesia a lo que debería ser".

A pesar de estas categorías artificialmente decentes, navegar una iglesia a través de estas aguas no es fácil. Por ejemplo, una iglesia podría tener un pastor tradicionalista, un líder de jóvenes emergente y una junta de ancianos pragmáticos, pero ninguno de ellos podría articular sus suposiciones, sino estarían confundidos sin saber por qué.

Los líderes de la iglesia podrían estar confundidos acerca de lo que creen y pueden pasar por distintas fases: intentar enfoques pragmáticos, luego, si fallan, probar principios emergentes, seguido por una época de volver a las prácticas tradicionales.

Las voces pueden ser enloquecedoras: ¡Sea más bíblico! ¡Asegúrese de que funcione! ¡Sea más relevante! O hay muchas otras alternativas distrayentes formadas por la cultura, la nostalgia y los antagonistas comunes. ¿Cómo pueden los líderes de la iglesia salir de este lío? ¿Cómo puede permanecer Jesús en la imagen sin ser recortado, al mismo tiempo que cada iglesia conserve su herencia, sus valores y tradiciones? Estas fueron las últimas preguntas que necesitaba responder antes de que mi viaje fuera completado.

La parte tres (Volver al futuro) explicará el final satisfactorio de mi búsqueda. Encontré descanso cuando descubrí una manera de volver a la imagen completa de Jesús y su historia del Reino, donde los cristianos pueden ser restaurados hacia una fe vibrante.

ⵁ

Espíritu Santo, guíanos en la complejidad de esta era. Hay muchas voces que nos gritan. Necesitamos tu dirección para dirigirnos de nuevo al Señor Jesucristo.

Parte tres: Volver al futuro

"¡El próximo sábado por la noche, te enviaremos
de regreso al futuro!"

- Dr. Emmett Brown, <u>Volver al futuro</u>

....

Los métodos tradicional, emergente y pragmático tratan de revitalizar la fe vibrante, pero al final terminan recortando a Jesús de la imagen global de la Escritura. La mejor manera de restaurar a los cristianos hacia una teología, adoración, discipulado y evangelización vibrantes, es recuperar la identidad de la Iglesia como el Pueblo de la Historia, a través de una re-conexión con las Raíces Sagradas de la Iglesia.

Capítulo 17: El final satisfactorio de mi viaje

EN LA PRIMERA PARTE, "esta vida provincial" se expresó en términos de lo *CHICO*, donde Jesús había sido *recortado de la imagen* por el racionalismo y el individualismo. Por desgracia, en Estados Unidos el *Ser* se ha convertido en el centro. El cliente es el rey. El mercado objetivo es el soberano. La vida de la iglesia se ha deteriorado a tal punto que si no es personalmente relevante, la gente dejará de asistir. En la segunda parte, los métodos tradicional, pragmático y emergente fueron definidos como tres versiones contemporáneas de *Jesús siendo recortado de la imagen*. Ahora, la Tercera Parte responde a la pregunta: *"¿Cómo puede Jesús ser restaurado en la imagen?"*

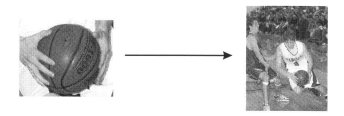

"Jesús y Su historia del Reino" debe reemplazar al "cliente individual" como **Rey y Soberano**. Su reino debe reconstituirse como el tema de la imagen.

La necesidad de una constante

Con el fin de reorientar a los cristianos en torno a la historia de Cristo, se requiere estar de acuerdo con lo que es *fijo y constante*. Vea al clima como un ejemplo. Gente de todas partes está acostumbrada a orientar su comportamiento *en torno al clima*. Nadie se pone como soberano *por encima del clima*, a pesar de los intentos humanos por controlar sus efectos a través del aire acondicionado, la calefacción, los refugios y la ropa. Es un hecho universalmente entendido que el clima no se puede cambiar o controlar (y muchas veces ni siquiera se puede predecir). La gente tiene que someter su accionar a las estaciones y los cambios climatológicos. De igual forma, se requiere ser algo constante en la Iglesia, como el clima, en torno al cual los cristianos en todas partes y en todo momento pueden orientarse. Webber dijo:

> El punto de integración con una nueva cultura no es para restaurar la forma cultural del cristianismo, sino para recuperar el marco de fe universalmente aceptado que se originó con los apóstoles, que fue desarrollado por los Padres de la Iglesia y que ha sido transmitido por la Iglesia en su liturgia y tradiciones teológicas. Esta hermenéutica nos permite enfrentar la cambiante situación cultural con integridad. Nuestro llamado no es reinventar la fe cristiana, sino, en consonancia con el pasado, llevar adelante lo que la Iglesia ha afirmado desde el principio.[109]

Este marco es la *constante* que fue dada por Dios mismo, no formada por concepción humana o fuerzas culturales. Wells afirma, "las metas y funciones de la iglesia, por lo tanto, *se deben* a ella. No vienen de manuales de negocios, ni de normas culturales, ni de expertos en mercadeo".[110] Afortunadamente, el Espíritu Santo ha dado a la Iglesia esta *constante* para que la Iglesia no esté abandonada a sus propias fuerzas para saber en qué creer.

Las *Raíces Sagradas* de la Iglesia

Una de mis películas favoritas es *Volver al Futuro*,[111] donde Marty (Michael J. Fox) involuntariamente viaja al pasado para descubrir el origen de su familia y de su amigo, el doctor Brown. La experiencia de Marty con su pasado da forma a su identidad completa cuando él regresa al presente. Así mismo, las iglesias necesitan reconectarse con su antigua identidad, como *el Pueblo de la Historia*. A medida que *recuperen* las raíces comunes y sagradas de la Iglesia (Rom. 11:16), éstas pueden reorientarse en torno a *Cristo y su Historia del Reino*, tal como los seres humanos se orientan respecto al clima y las estaciones.

La identificación con las *Raíces Sagradas* de la Iglesia sugiere que los cristianos deben someterse a la versión del Espíritu Santo de la historia en su calidad de autor de las *Escrituras (Canon) y en la formación de los credos*, articulados en los primeros cinco siglos de la Iglesia.[112] El Espíritu Santo guió a la Iglesia a explicar lo que se había creído a lo largo de los siglos. Esto se hizo antes de la postmodernidad, la modernidad, la reforma, el evangelicalismo, o cualquier otro evento cultural o filosófico. **La fe apostólica, ortodoxa y autoritativa le fue dada a la Iglesia en los primeros cinco siglos, y es llamada la "Gran Tradición"** (no confundir con el *método tradicional* que se formó 15 siglos más tarde). El Dr. Don Davis aclaró el significado de la Gran Tradición:

De hecho, la Iglesia de Jesucristo es *"el Pueblo de la Historia"*: somos un pueblo nacido, formado y establecido a través de la narrativa de la obra de Dios en la historia de los patriarcas, de Israel y de la encarnación, muerte y resurrección del Hijo de Dios, Jesús de Nazaret. La Gran Tradición representa ese núcleo central de la fe cristiana derivada de las Escrituras que va desde la época de Cristo hasta la mitad del siglo quinto. Creemos que la mayor parte de lo que se ha demostrado ser esencial y fundamental para la teología, la espiritualidad y el testimonio cristiano, fue elaborado por la Iglesia antigua indivisible alrededor del siglo quinto, a través de su vida comunitaria, su canon, sus credos y los concilios.[113]

La Gran Tradición

La Gran Tradición representa la comprensión, articulación y defensa de la fe histórica de la Iglesia, extraída de las **Escrituras** que narran la historia autoritativa del plan redentor de Dios para las naciones, dándose por medio del *Christus Victor*, quien lleva a cabo el plan a través de la **Iglesia universal** (el pueblo de Dios en todo el mundo y en todo tiempo, y llamado a **encarnar y proclamar** la historia de la redención). La correcta interpretación de esta historia se mide por la **Antigua Regla de Fe** ("lo que siempre se ha creído por todos y en todas partes") y los **Credos**, especialmente el Credo Niceno.[114]

Con la articulación de la Gran Tradición, los cristianos tienen el mensaje apostólico oficial y final del cual contextualizar el evangelio en todas las culturas a través del tiempo. Webber dijo: "Jesucristo [es] la autoridad final interpretada por los apóstoles. La Biblia es autoritativa porque conserva y transmite a este testigo. La regla de fe y los credos disfrutan de un tipo de autoridad, ya que permanecen fieles a la tradición apostólica. El Espíritu Santo 'supervisó' este proceso para que podamos hablar de la Escritura como la Palabra revelada e inspirada de Dios y de los credos ecuménicos como resúmenes autoritativos de la fe bíblica".[115]

La Gran Tradición es como la gran sala que C. S. Lewis menciona en *Mero Cristianismo*, una sala con muchas puertas que se abren hacia diferentes cuartos.[116] Estos cuartos representan diferentes tradiciones, denominaciones y expresiones de la iglesia.

Cada expresión de la Gran Tradición debe ser variada, creativa y flexible, pero sólo *dentro de los límites de lo que el Espíritu Santo ha dado a la Iglesia* en la Gran Tradición. Las ramas Protestante, Ortodoxa y Católica Romana de la Iglesia, todas vinieron después de la Gran Tradición, y cada rama ha continuado afirmándola durante los últimos 16 siglos.

Por tanto, los cristianos no tienen la libertad de estar en desacuerdo con, o reinterpretar, la identidad y la historia de Jesús. Sus seguidores deben representar la historia tal como Él la reveló, a través de los documentos de la fe que han sido transmitidos a través de la Iglesia.

Una vez anclada a la Gran Tradición, la iglesia está en la libertad de expresarse cultural, litúrgica y teológicamente, ejemplificando la creatividad de Dios mismo. Cada cuarto, conectado a la gran sala, es libre de tener su propio diseño y mobiliario de una manera que les ayude a dar gloria a Jesús. La promesa de Dios a Abraham de incluir a miembros de cada tribu, lengua y nación (ver capítulo 12) debería impulsar este tipo de búsqueda de libre expresión en Cristo.

Los resultados podrían ser cientos de nuevos movimientos y expresiones de fe, cada uno apreciándose mutuamente, en vez de vivir en competencia y sospecha. El enemigo desea la división en la Iglesia, pero Dios quiere la unidad.

Identificarse con las *Raíces Sagradas* de la Iglesia podría traer sanidad y convergencia en el cuerpo de Cristo (ver figura 18).

Figura 18: Una Gran Tradición, muchas expresiones

En un mundo ansioso por hacer grandes innovaciones inteligentes para mejorar la imagen de la Iglesia, abrazar fuertemente los pilares de las *Raíces Sagradas* de la Iglesia contrasta con los varios métodos para atraer a la gente a la iglesia, aumentar la asistencia, crear una nueva moda, ayudar a la gente a sentirse mejor consigo mismas, o volver a los estadounidenses a una época pasada. En cambio, es un esfuerzo por restaurar a *Jesús como el* TEMA *de la imagen*, reforzar que la Iglesia es el OBJETO y recordar a los cristianos que hay un reino adverso en esta historia cósmica. En otras palabras, forjar una identidad que esté basada en la Gran Tradición es una forma poderosa para ayudar a los seguidores de Jesús a resistir la tendencia de *recortar a Jesús de la imagen*. Este es un llamado a todos los cristianos a convertirse en el *Pueblo de la Historia*, una invitación a ajustarse a aquello que fue *dado a la Iglesia*, no a lo formado por la cultura.

Recuperándose de la fragmentación

Una de las influencias culturales más importantes de la historia reciente es un aspecto del *Concepto de mercadeo* llamado "mercado objetivo", que ganó la aceptación en los años 80's y 90's. De varias formas, los métodos tradicional, pragmático y emergente sucumbieron al *mercado objetivo*, el cual sigue tres pasos principales:

El primero es la *segmentación del mercado*, el acto de dividir un mercado en distintos grupos de compradores que podrían requerir productos separados y/o mezclados. La compañía identifica diferentes maneras de segmentar el mercado, desarrolla los perfiles de los segmentos del mercado y evalúa el atractivo de cada segmento. El segundo paso es el *mercado objetivo*, el acto de evaluar y seleccionar uno o más de los segmentos de mercado. El tercer paso es el *posicionamiento del producto*, el acto de formular un posicionamiento competitivo para el producto y una mezcla detallada de mercadeo.[117]

Las iglesias siguieron el primer paso (*segmentación del mercado*) cuando segmentaron a sus "compradores" en varios grupos. Algunas iglesias *segmentaron por edad,* creando programas juveniles o estableciendo grupos de educación cristiana para adultos (escuela dominical) basados en las etapas de la vida. Otras segmentaron sobre sus *preferencias musicales,* creando dos servicios (uno contemporáneo y otro tradicional). Y otras segmentaron ofreciendo programas especiales o actividades que respondan a *necesidades específicas* (capacitación financiera, abuso de sustancias), o por *intereses de género* (ministerios de mujeres u hombres). La iglesia Emergente se basa en un segmento *cultural* específico de la población (postmodernidad).

Las iglesias usaron el segundo paso (*mercado objetivo*) al seleccionar los grupos que tuvieron el mejor de los éxitos en su iglesia. Finalmente, el tercer paso (*posicionamiento del producto*) se dio cuando los programas fueron diseñados para adaptarse a los grupos segmentados.

Todas estas actividades de segmentar estaban bien sobre la superficie, pero sin ninguna identidad fundamental enraizada en la historia del Reino, pues tenían un efecto desunificante en la iglesia local. Cuando las iglesias dividen a las personas en distintos grupos de afinidad (segmentos), cada grupo de afinidad forma un *sentido de identidad* que lo separa de la Iglesia en su conjunto. Puesto que cada iglesia local ya había perdido su conexión con la historia general *(cuando Cristo fue recortado de la imagen)*, el mercado objetivo en la iglesia local creó *otro nivel de desconexión* de la historia. La identidad ya no estaba basada en el Reino, ni en la Iglesia, ni siquiera en la iglesia local. En su lugar, los individuos se identificaron como parte de un *grupo afín* ("mi grupo de jóvenes, mi estudio de discipulado, o mi clase de escuela dominical para adultos").

Este tipo de fragmentación puede crear varias "iglesias dentro de una iglesia", donde la iglesia local (la iglesia A) es vista como algo separado de un grupo afín (iglesia B). Cada iglesia B puede tener poca o ninguna lealtad a la iglesia A, excepto mientras "A" le provea a "B". Así, una persona puede estar perfectamente contenta de asistir a una clase de escuela dominical para adultos, sin conectarse a la comunidad general (iglesia A) en la cual fue formada.

Eliminando el recorte a través de anular la segmentación

En donde el *concepto de mercadeo* trata de separar a las personas en segmentos basados en intereses personales, la identificación con las *Raíces Sagradas* de la Iglesia consolida a los cristianos en una identidad común. La elección personal da paso a una *identidad* común. Cada grupo afín en la iglesia puede "anular la segmentación" al re-orientarse en torno a "la Historia". El cristiano puede ser leal a la historia por encima de su lealtad a su grupo afín. Puede comprender su identidad a la luz de la historia revelada en la Gran Tradición.

En otras palabras, todos los cristianos deben verse a sí mismos como el *Pueblo de la Historia* (1 Pe. 2:9-10). Esta es la historia dada en la Gran Tradición, *un regalo para la Iglesia Universal, a través de las Escrituras, resumida en los credos y entendida mediante los lentes de la antigua regla de fe, lograda por el Christus Victor, para que el evangelio vaya a todas las naciones en cumplimiento de los propósitos de Dios.*

La historia, expresada en la Gran Tradición, se ha dado a la Iglesia por el Espíritu Santo. No es inventada—se le ha encomendado al pueblo de Dios y Dios espera que sus seguidores se sometan a ella. Esta es la historia en torno a la cual todos los cristianos, tradiciones, denominaciones y grupos afines deben orientar sus vidas. Desafiar a la Gran Tradición es estar fuera de la fe cristiana.[118]

Aunque los estadounidenses no pueden escapar de una cultura orientada en el Yo, ellos no tienen que regirse por el *concepto de mercadeo*. Las iglesias pueden optar por ser el *Pueblo de la Historia*, rechazando la presión cultural del mercado objetivo.

Capítulo 18: *Raíces Sagradas:* No formadas por la cultura

LA FORMACIÓN DE UNA IDENTIDAD basada en las *Raíces Sagradas* de la Iglesia puede ser entendida al contrastarla con los métodos tradicional, pragmático y emergente, en términos de las categorías previamente mencionadas: Suposiciones culturales, la época nostálgica, antagonistas comunes y el enfoque de energía. Este capítulo se centrará en las *suposiciones culturales.*

Raíces Sagradas no es un desarrollo cultural como el racionalismo, el *concepto de mercadeo* o la Postmodernidad, sino lo que **fue dado** a la Iglesia por el Espíritu Santo, articulado en la Gran Tradición. Esto antecede al movimiento renovador de la fe fronterizo americano, la modernidad, el evangelicalismo, la Reforma y todas las demás manifestaciones culturales de los métodos que se formaron.

Durante los primeros cinco siglos de la Iglesia, la fe cristiana fue vista como la Iglesia que fue guiada por el Espíritu Santo. A pesar de los contextos culturales y puntos de vista de los Padres de la Iglesia, la obra de Dios articulada en la Gran Tradición ha resistido la prueba del tiempo y ha sido aceptada por la Iglesia desde entonces.

Las *Raíces Sagradas* no son ni modernas, ni postmodernas, ni se centran en cualquier expresión cultural en particular. El *Pueblo de la Historia* trata de restaurar lo que fue *recortado de la imagen.* Por lo tanto, las iglesias que se identifican con las *Raíces Sagradas* están facultadas para contextualizar la Gran Tradición en las culturas de todo el mundo.

Más que racionalismo cultural

En los primeros siglos de la Iglesia, la historia tuvo un fuerte énfasis *narrativo*. Sin embargo, con la aceptación total del racionalismo, el aprecio por la calidad narrativa de la Escritura disminuyó. Un compromiso renovado con sus *Raíces Sagradas* puede liberar a las iglesias de sus limitaciones culturales, redescubriendo un punto de vista narrativo de la Biblia.

Cada historia épica y cuento de hadas no es más que una *sombra de la gran Historia de Cristo y su Reino*. Cada cultura tiene su mitología, pues representa a la gran historia cósmica. Esta es la razón por la que Eclesiastés dice que Dios "ha puesto eternidad en el corazón del hombre" (Ecl. 3:11). Tales historias tienen los mismos elementos: amor, peligro, romance, sacrificio, el bien contra el mal, héroes insólitos, insuperables dificultades, compañerismo, esperanza del más allá, que cautiva a la gente hasta el final. Estas historias siguen la misma trama: todo iba bien, luego algo terrible pasó, ahora una gran batalla debe llevarse a cabo para arreglar las cosas y un héroe tiene que aparecer para salvar la situación.[119] Este patrón también está presente en todas las películas que tocan a la gente profundamente:

⋄ Aslan está en marcha para rescatar a Narnia.
⋄ Dorothy tiene que encontrar el camino a casa.
⋄ Luke Skywalker debe ayudar a Obi-Wan a derrotar el Imperio.
⋄ Gepetto debe ser encontrado en el mar.
⋄ El pueblo debe unirse para ayudar a George Bailey.
⋄ Los niños tienen que encontrar una forma de llevar a ET a casa.
⋄ El Sr. Smith se ve obligado a traficar en Washington.
⋄ Rick debe dejar a Elsa escapar de los Nazis.
⋄ La Comunidad del Anillo debe destruir al anillo del poder.
⋄ Atticus Finch debe representar a los acusados falsamente.

En su historia, Jesús se esfuerza heróicamente por triunfar y llama a sus seguidores a hacer lo mismo. Las historias épicas le da a la gente una visión más amplia para que pueda escapar de "la vida provincial".

Brian Cavanaugh dijo: "Las historias, parábolas, fábulas, anécdotas, ilustraciones, etc., nos ayudan a ver el 'panorama general' en la vida. Nos ayudan a entender que hay más en la vida que nuestras propias esferas limitadas de experiencia. Crean imágenes en nuestra mente y abren nuestra imaginación para comprender una mayor dimensión de la vida que lo que normalmente usábamos para experimentar. Las historias son vehículos que nos transportan a lugares lejanos que nunca hemos experimentado nosotros mismos".[120]

Más Biblia, no menos
El método tradicional responde negativamente a la idea de la Verdad como "Historia". Para ellos, la palabra "Historia" degrada la veracidad de las Escrituras, reduciendo la Palabra de Dios a algo trivial o mítico. Los tradicionalistas incluso podrían erróneamente deducir que abrazar las *Raíces Sagradas* mostraría una alianza con el liberalismo. En realidad, lo opuesto es verdad. Adoptar un enfoque narrativo ofrece a los cristianos *más* enseñanza de la *Biblia*, no *menos*.

Cuando las Escrituras se convierten en un manual del usuario *para mi relación personal con Cristo*, la Biblia ya no es la verdad autoritativa, sino una lista superficial de "hacer y no hacer" aquello que pueda ser aceptado o rechazado en cualquier momento. Describirlas como "Historia" significa simplemente que la autoridad de las Escrituras es amplia y exhaustiva, más allá de "cómo se aplica esto a mí". Aquellos que rechazan un enfoque narrativo repiten el error de los teólogos liberales de mitad del siglo veinte, tales como Rudolf Bultmann. Su argumento clásico es que la historia del Nuevo Testamento acerca de la salvación no tenía sentido para una mente moderna. Bultmann dijo que a la Biblia debía quitársele la cáscara del mito (la Historia) con el fin de llegar al corazón de la verdad (Racionalismo).[121] De este modo, Bultmann esencialmente *recortó la Historia de Jesús de la imagen*. Irónicamente, cuando los tradicionalistas rechazan un enfoque narrativo, están en peligro de cometer los mismos errores liberales que originalmente ellos querían combatir.

Una nueva forma de presentar

Adoptar un enfoque narrativo es mucho más que mostrar videos musicales en los servicios de la iglesia o incorporar un entorno más orientado a lo visual en el santuario. Los pastores, ancianos, diáconos, adolescentes y adultos, deben ser reorientados hacia un entendimiento narrativo de la Biblia, el cual no puede proporcionar la "aplicación directa" que muchos anhelan tener. Los maestros deben aprender a resistir la tentación de dar una aplicación moral con cada enseñanza. *El moralismo, el objetivismo y el particularismo* (ver Capítulo 11) deben ser resistidos para beneficio de la historia redentora de la Biblia. Esto requiere una reevaluación de todo el plan de estudios de los niños, de los materiales para nuevos creyentes y discipulado, y de los programas de escuela dominical.

Como resultado, los maestros deben reconsiderar usar un formato basado en presentaciones lingüísticas y lineales que atraigan a la audiencia, usando enfoques como: "cómo hacerlo en siete sencillos pasos". En vez de ello, cada lección debe ser una sub-historia de la Historia mayor. El uso de la historia y la metáfora puede ser más que un "gancho" para captar el interés del oyente, pues se convierte en la verdadera "carne" de la presentación. Con la Historia como el centro de toda enseñanza, *la obra pasada, presente y futura de Cristo para vencer las fuerzas del mal*, debe estar implícita en cada reunión, ya sea grande o pequeña. Sin una conexión transparente con la Historia de la obra del Reino de Cristo, la enseñanza debe ser reconsiderada hasta que las conexiones sean obvias. Una repetida declaración de este contexto global es la mejor manera de conectar a los nuevos creyentes en la fe y ayudar a que los veteranos eviten *recortar a Jesús de la imagen*.

La ventaja de la iglesia urbana

En todo el mundo está creciendo la iglesia de los pobres, en parte porque éstos operan con una mentalidad pre-moderna abierta a la narrativa. Ellos nunca *recortaron a Jesús de la imagen* para adaptarse a un pre-concebido enfoque en el YO. La historia de la Biblia puede ser rápidamente integrada a la vida de la iglesia cuando no tiene que ser traducida a través de un paradigma *occidental racionalista* e *individualista*. La gente pobre urbana de Estados Unidos no siempre ha abrazado la modernidad como un aliado, ya que fue vista a menudo como *la fuente de su miseria*. Aquellos que se volvieron poderosos en la modernidad, a menudo utilizaron su poder para oprimir a los pobres. Así que, los debates interminables acerca de la postmodernidad, son para aquellos que tienen suficiente tiempo libre para participar en tales discusiones filosóficas. A los pobres no les interesan los argumentos modernos y postmodernos que existen entre tradicionalistas y emergentes. De hecho, los pobres pueden avanzar sin tales distracciones culturales, enfocándose en Cristo y su Reino como el *Pueblo de la Historia*. Las defectos de los métodos tradicional, pragmático y emergente pueden ser evitados como pueblos infestados de plagas.

Una visión multidimensional de la expiación

El *Pueblo de la Historia* puede rechazar la presión de elegir entre cualquiera de los puntos de vista unidimensionales de la expiación, la mayoría de los cuales están formados por los intentos culturales de contextualizar el evangelio. Los diversos puntos de vista unidimensionales de la expiación son demasiado pequeños para capturar la plenitud de la obra de Jesús cuando cada uno es considerado por sí mismo.

Los que son moldeados por las *Raíces Sagradas* reconocen *todas* las múltiples victorias del *Christus Victor*: su encarnación, triunfo sobre la tentación, milagros de expulsión de demonios y sanidad, una vida sin pecado y de ejemplo, comisión autoritativa de los apóstoles, muerte, resurrección, ascensión, intercesión actual y futuro retorno. Si bien la Cruz sigue siendo el principal logro de Jesús, los otros aspectos de la victoria de Cristo sobre los poderes del mal no deben ser minimizados, sino celebrados.

La Gran Tradición entiende que *todas* las grandes obras de Cristo son parte de una **sola acción para destruir las obras del diablo.** La Historia está arraigada en la determinación de Cristo para recuperar lo que estaba perdido, encarcelando al adversario para siempre. Una vez que el tema general se entiende, se pueden apreciar los diversos aspectos de la expiación sin tener que elegir al uno como el más importante que el otro. La imagen puede ser restaurada al renovar una apreciación de un enfoque narrativo de las Escrituras y celebrar los múltiples actos heroicos de expiación llevados a cabo por el Señor y Salvador Jesucristo.

Capítulo 19: *Raíces Sagradas:* Sin nostalgia ni antagonistas

Para los métodos tradicional, pragmático y emergente, las épocas nostálgicas se formaron en conjunto con sus antagonistas comunes. Los tradicionalistas tienen la Reforma Protestante, los pragmáticos recuerdan una época de satisfacción personal de la vida y los emergentes idealizan a la Iglesia primitiva antes de Constantino.

Sin embargo, el *Pueblo de la Historia* no tenía una época nostálgica específica. No hay una "época clásica" donde la Iglesia estuviera funcionando en su plenitud. No hay una "edad de oro" que recordar. En cada época, la Iglesia ha cometido errores en representar a Cristo. A pesar de sus errores, el Espíritu Santo ha seguido obrando en la Iglesia *en cada época* y las puertas del infierno no han prevalecido contra el avance de su Reino.

Además, la Iglesia es "católica" (universal), porque se compone de *todos* los creyentes pasados, presentes y futuros. Esta perspectiva de la Iglesia permite a los cristianos de *todas* las expresiones reclamar *todas* las victorias de la Iglesia como algo propio. Billy Graham, Susana Wesley, Martín Lutero, Tomás de Aquino, Patricio, Agustín, Francisco de Asís, Juan de la Cruz y Pablo de Tarso, son parte de la compañía a la que todo seguidor de Jesús pertenece. *Todos* los santos de Dios se pertenecen *el uno al otro*.

Los que están anclados a las *Raíces Sagradas* no añoran un *pasado* idílico, sino un *futuro* perfecto. No hay "seguridad de la comarca", como era anhelado en *El Señor de los Anillos*. En vez de ello, la era de la

Iglesia es una "batalla por la Tierra Media" y está llena de destrucción y falta de armonía. Pero vale la pena pelear la batalla por causa de la victoria segura a través del Señor Jesús. Los cristianos deben anhelar el hogar en la presencia de Dios, no un viaje de regreso a alguna gloria terrenal del pasado.

Determinando los períodos

El *Pueblo de la Historia* aprecia la obra del Espíritu Santo en todas las épocas de la Iglesia: Bíblica, primitiva, medieval, reformada, moderna y postmoderna (ver Apéndice 5: "Seis paradigmas de la historia"). Podría parecer que la época Primitiva (100-451) fuera idealizada, como si los cristianos primitivos fueran más puros en su devoción que en otros tiempos. Este no es el caso.

Sin embargo, lo que es notable en este período es que *Dios el Espíritu Santo* guió a la Iglesia a articular, de una vez por todas, las creencias y las prácticas fundamentales que han persistido a lo largo de la era de la Iglesia. La obra de Dios para establecer la Gran Tradición fue un acto definitorio que ha facultado a la Iglesia para mantenerse en pie durante los últimos 1600 años. Esas creencias y prácticas básicas de la fe cristiana seguirán guiando a la Iglesia hasta que Jesús vuelva.

Lo que resta ahora es declarar el evangelio del Reino y encarnar la Gran Tradición entre todas las personas del mundo.

Sin antagonistas comunes

Mientras que los métodos tradicional, pragmático y emergente reaccionan a sus propios antagonistas, el *Pueblo de la Historia* no tiene antagonistas culturales comunes. No hay desesperación tocante a la modernidad, la postmodernidad, el secularismo, la pérdida de la influencia americana, el aumento en el multiculturalismo, la inmigración ilegal, el liberalismo, el catolicismo romano, o incluso el avance del Islam. Ellos animan a un intenso debate con los que están dentro y fuera de la fe cristiana, pero no desde el punto de vista de la desesperación, sino más bien con la postura del Reino de "justicia, paz y gozo en el Espíritu Santo (Rom. 14:17)".

La razón de esta confianza es la inevitabilidad de la victoria futura de Dios (Mt. 16:18). Todas las culturas, tradiciones y filosofías serán destruidas por "el Reino de nuestro Señor. Y él reinará por los siglos de los siglos (Ap. 11:15)". Los pastores no deben temer a una disminución de la asistencia a la iglesia, a un presupuesto flojo, ni a la pérdida del prestigio entre sus colegas. Cuando los cristianos se enfocan en la victoria continua de Cristo, no es necesaria la inseguridad, porque el *Pueblo de la Historia* es el vencedor (Rom. 8:37-39).

Los verdaderos antagonistas

El Reino de Cristo no es de este mundo (Juan 18:36), por lo que los antagonistas de la Historia no son de carne y sangre, sino gobernadores, autoridades y poderes cósmicos de las tinieblas (Efesios 6:12). Los cristianos resisten al diablo[122] y su reino opresor que se opone al Reino de Dios. El diablo es un adversario real con argumentos infames en contra de Cristo y su creación. Todas de las muchas atrocidades malvadas de genocidio, prostitución infantil, tortura y terrorismo, han sido diseñadas por Satanás y sus secuaces.

Además del diablo, la Biblia también detalla otras dos fuentes del mal y dolor: el mundo[123] y la carne.[124] El *mundo* es el sistema caído de la naturaleza y la humanidad que provoca caos, miseria y fatiga en el universo. Las personas se enferman y mueren. Los enseres y las casas se deterioran. La gente crea sistemas de avaricia, lujuria y orgullo que oprimen a los demás y que les esclavizan a ellos mismos. La bondad de Dios se torna en algo feo.

La *carne* es la naturaleza del pecado que lleva a las personas a rebelarse contra Dios y unirse al enemigo. Todo lo malo o desagradable que causa lágrimas y terror, puede encontrar su origen en el *diablo, el mundo o la carne.*

La guerra del Reino es mucho mayor que combatir con seres espirituales. La guerra espiritual es triple: hay *batallas sobrenaturales* contra el <u>diablo</u>, *batallas sociales* contra el quebrantamiento del <u>mundo</u> y *batallas personales* contra la <u>carne</u>.[125] Estos tres son los *verdaderos* antagonistas contra los que han de luchar los seguidores de Jesús.

El sufrimiento
Jesús fue *recortado de la imagen* en parte porque sus antagonistas (el diablo, el mundo y la carne) fueron recortados también de la misma. Por lo tanto, el proceso de eliminar el recorte consiste en volver a poner a la maldad y al sufrimiento en la imagen. La existencia del diablo, el mundo y la carne deja en claro que el *Reino trata acerca del conflicto.* Ya que Jesús vino para destruir las obras del diablo (1 Jn. 3:8) y rescatar lo que estaba perdido (Lc. 19:10), es natural que Ed Murphy dijera: "la vida cristiana normal se vive en el contexto de la

continua guerra espiritual. Recibir a Cristo es inscribirse en el ejército".[126] Russell W. Maltby dijo: "Jesús prometió a sus discípulos tres cosas: que no tendrían miedo, que serían increíblemente felices y que se meterían en problemas".[127]

Puesto que la Iglesia está en guerra contra el reino de este mundo, nadie debería sorprenderse por las bajas (1 Pe. 4:12; 5:8-10). "A medida que avanza el reino de Jesús, las fuerzas del mal intensificarán sus vanos intentos de destruirlo".[128] Jesús mismo mandó a su pueblo ser fiel hasta la muerte (Ap. 2:10). No hay garantías de que los cristianos estarán exentos de problemas, dificultades, divisiones, persecuciones, o incluso el martirio (Rom. 8:35). De hecho, el Nuevo Testamento promete a su pueblo que debe esperar todo tipo de prueba (St. 1:2; 1 Tes. 3:2-3).

Por lo tanto, el cristianismo no es una fórmula que garantiza el éxito y la bendición. John White dijo: "Por supuesto, ¡usted puede ser herido en la batalla! Por supuesto, ¡usted puede ser noqueado! Pero un verdadero guerrero es el hombre o la mujer que se levanta y lucha otra vez. No hay lugar para darse por vencido. La guerra es mucho más grande que la humillación personal. Sentir lástima por uno mismo es totalmente inapropiado. Sobre tal soldado yo vertiría una cubeta de agua helada, lo arrastraría, patearía su trasero, le pondría su espada en la mano y le gritaría: ¡Pelea ahora!"[129]

¡Dicen que no es verdad!
Uno puede tener la esperanza de evitar el conflicto espiritual, pero eso es una ilusión. *En el Señor de los Anillos: Las dos torres*, Aragorn le

advirtió al Rey Théoden que reuniera a sus tropas para la batalla contra el ejército invasor. Cuando Théoden dudó, porque no quería arriesgarse a una guerra abierta, Aragorn sabiamente le advirtió que la guerra estaba sobre él, ya sea que le gustara o no a Théoden.

Algunas personas desean negar la existencia del diablo. Otros se sienten incómodos con la idea de confrontar al diablo, el mundo y la carne. Ellos podrían pensar: "Tal vez si no enfrentamos al mal, podemos escapar de la dificultad. ¿Por qué crear problemas cuando al final los poderes del mal son derrotados de todos modos? No hay que provocarlos. Dejen las cosas como están".

Ciertamente, no es aconsejable provocar o burlarse del enemigo (Jud. 9), pero dejar solos a los poderes del mal no eximirá a nadie de las pruebas. Tal ingenuidad acerca de las artimañas del enemigo ignora el hecho de que hay seres que atacan por iniciativa propia y con persistencia implacable (2 Cor. 2:11). Este tipo de pensamiento deja a los creyentes vulnerables a la decepción e ineficaces en una crisis. Pueden ser tomados desprevenidos cuando venga la aflicción.

Las ilusiones de uno acerca de la guerra espiritual no van a cambiar la realidad de la misma. Este conflicto ha durado mucho tiempo y continuará por mucho tiempo en el futuro hasta que Jesús venga a ponerle fin de una vez por todas. No es una guerra que cualquier humano empezó. Ignorarla y confiar en que se irá, no tendría ningún efecto. Los poderes del mal no cederán simplemente porque las personas los eviten.

Armas para la batalla

Afortunadamente, Dios no ha dejado a su pueblo indefenso ante el mundo, la carne y el diablo. Él ha provisto de armas para esta guerra (2 Cor. 10:4). La Palabra de Dios proporciona la verdad, el consuelo, la sabiduría, la instrucción y el aliento (2 Tim. 3:15-17; Heb. 5:14; St. 1:22-25; Rom. 15:4). Hay toda una armadura para ayudar a los creyentes a combatir la confusión, la distracción, las mentiras, las tentaciones, las dudas y las acusaciones (Ef. 6:10-18).

El Espíritu Santo consuela y guía a los creyentes que pelean la buena batalla juntos, provee pastores dotados para proteger y movilizar el ejército, y lleva a las personas a "tener sumo gozo" cuando se encuentran en diversas pruebas (1 Tim. 1:18; Ef. 4:11-13; St. 1:2; Rom. 5:1-5). No puede haber alegría en medio del dolor, porque Dios puede soberanamente redimir cada prueba, convirtiéndola en una victoria contra el reino del enemigo. Lo que el diablo destina para mal, Dios puede cambiarlo para bien (Gn. 50:20; Heb. 12:3-15).

Mientras que el diablo desea que el cristiano se entregue al desánimo, la vergüenza o la culpa, Dios desea que el cristiano contraataque para "volver a estar en el juego". La victoria de Jesús sobre el diablo paga por el pecado, para que los cristianos no tengan que entretenerse en las persistentes acusaciones del enemigo. El bautismo es un arma para la batalla, pues nos recuerda que debemos ser fieles al Cristo victorioso y su Reino, a pesar de cuán derrotados nos sintamos (Hch. 26:17-18; Mc. 16:15-16; Rom. 6:3-23). Cuando Lutero estaba siendo atacado, a menudo exclamaba: "¡Estoy bautizado!"

Estas armas proporcionan valor ante las circunstancias difíciles, perdón a pesar del fracaso y un *deseo de ganar* cuando todo parece perdido. La victoria garantizada de Cristo sobre Satanás lleva a su pueblo de un lado a otro, a pesar de los ataques del diablo, el mundo y la carne (1 Cor. 10:13). Al cristiano se le enseña reunirse con regularidad con el fin de recordar su destino y esperanza (Heb. 10:25). Debido a la tendencia humana de olvidar, la celebración de la comunión es un recordatorio frecuente no sólo de la muerte pasada de Jesús, sino de su futura victoria, consumada en la Cena de las Bodas del Cordero (Mc. 14:25). Tal como John White dijo:

> De hecho peleamos una guerra que ya está ganada. Fue ganada cuando Jesús escapó de la tumba. En la segunda Guerra Mundial, cuando los aliados invadieron Europa, todo el mundo supo que la guerra había terminado de verdad. Meses de muerte y amarga lucha se avecinaban. Habría frío y agotamiento, peligro, dolor, bombas y la repugnante muerte cayendo en forma de aviones en llamas. Sin embargo, el fin realmente había llegado .... Ahora estamos precisamente en la misma posición. Estamos en la última invasión. 'En el mundo', dijo Jesús, 'tendréis aflicción, pero confiad, *yo he* vencido al mundo' (Jn. 16:33).... Ahora bien, hay momentos en que usted se siente nada más como un miembro de un ejército triunfante. Usted se sentirá solo, pequeño, débil. Por lo tanto, la batalla también es esencialmente una batalla de *fe*.[130]

La búsqueda de las causas

La mente racionalista desea encontrar una *causa y efecto* para cada prueba. Se supone que si se descubre la causa, se puede aplicar una solución y así terminar la prueba o evitarla. Pero este no es el camino del Reino. Dios a menudo decide ocultar la causa de las pruebas, como lo hizo con Job, y prefiere que sus seguidores confíen en que él está coordinando todo para llevar a cabo su plan del Reino. Para los que son llamados conforme a su propósito (Rom. 8:28), habrá momentos frecuentes en los que no hay un motivo aparente para la tribulación que ellos experimentan.

Pero ya sea que el origen del dolor sea el diablo, el mundo, o la carne, *la respuesta es siempre la misma*: confiar en Cristo para llevar a cabo su obra del Reino. No es necesario saber si la enfermedad o la muerte es causada por el diablo, el pecado personal, o porque la persona vive en un mundo contaminado. La búsqueda de la causa es a menudo una pérdida de energía. Confiar en Cristo es la mejor solución, ya que libera a la persona que sufre de la búsqueda de una respuesta que podría nunca ser revelada. En lugar de los frenéticos esfuerzos para averiguar "por qué", los creyentes que sufren deben "encomendar sus almas al fiel Creador y hacer el bien" (1 Pe. 4:19).

Construir una identidad basada en las *Raíces Sagradas* eliminará el recorte de la imagen para que tanto *Jesús como los poderes del mal* sean restaurados en la imagen. Un entendimiento apropiado del *diablo, el mundo y la carne*, es de vital importancia para que los cristianos comprendan la realidad del conflicto que les rodea, permitiéndoles ser restaurados hacia una fe vibrante.

Capítulo 20: *Raíces Sagradas*: **Enfoque de energía**

EN LUGAR DE VOLVER a los días de gloria (tradicional), reaccionar a condiciones cambiantes del mercado (pragmático) o contextualizar dentro de una cultura única (emergente), la energía debe enfocarse en **integrar las actividades de la fe personal y comunitaria en torno a la Historia del Reino de Cristo, articulada por la Gran Tradición**. Cada aspecto de la vida de la iglesia local debe anular lo segmentado, para luego ser re-orientado y re-integrado de nuevo a un solo tema: la lealtad a *Cristo y su Historia del Reino*. La meta es restaurar la prominencia de Jesús para que él no esté *recortado de la imagen*.

Un aprecio por la tradición local

En el capítulo 17, la Gran Tradición fue descrita como una Historia (las Escrituras) de un campeón (*Christus Victor*) que forma un pueblo (la Iglesia) que ha sido llamado a volver a representar, encarnar y continuar la Historia narrada por el Espíritu Santo (Credos y la Regla de Fe). La Gran Tradición es la base de autoridad para *todos* los cristianos de *todas* las tradiciones y de *todos* los tiempos. Estos son los elementos que deben ser incorporados en cada dimensión de la vida de la iglesia. Pero además de la Gran Tradición, cada iglesia debe entender y apreciar *su propio legado de fe*.

Por ejemplo, los bautistas deben dar a conocer sus distintivos bautistas. Los luteranos deben contar su historia familiar. Las congregaciones de la iglesia cuadrangular deben garantizar un aprecio de su propia tradición espiritual. Cada congregación no sólo debe reafirmar su compromiso con la Gran Tradición, sino también explicar su lugar único dentro de la Iglesia.

Dado que el *Pueblo de la Historia* busca una variedad de expresiones, la existencia de las denominaciones no tiene por qué ser una vergüenza. De hecho, las denominaciones pueden ser vistas como una expresión de la obra creadora del Espíritu Santo. "Las diferentes denominaciones con sus distintas tradiciones teológicas son un medio por el cual Dios nos lleva a luchar colectivamente a través de entender la verdad. Nuestras diferencias son cosas que no han sido resueltas todavía".[131] La integración basada en las *Raíces Sagradas* no significa que no asimilemos todas las tradiciones cristianas en una forma institucional, carente de distintivos denominacionales. La Iglesia es "Una" debido a sus compromisos comunes con Cristo y su Reino, como se expresa en la Gran Tradición, no debido a denominaciones despojadas de toda singularidad.

El *Pueblo de la Historia* puede crecer en su aprecio por la unidad y la diversidad de la Iglesia mediante el estudio de otras tradiciones y expresiones de fe a lo largo de la historia de la Iglesia (*Ríos de Agua Viva* de Richard Foster[132] es una útil introducción).

Las dimensiones de la integración

Mientras una iglesia busca encarnar sus *Raíces Sagradas*, se pueden considerar cuatro dimensiones de aplicación: *la teología, la adoración, el discipulado y la evangelización.*

Una forma de conceptualizar estas categorías es a través del Gran Mandamiento de amar a Dios y a nuestro prójimo (Mt. 22:37-40). En otras palabras, *la teología* es una reflexión de la Iglesia acerca de la naturaleza de Dios, *la adoración* es la expresión del amor de Dios, *la evangelización* es la efusión de nuestro amor por otros, y *el discipulado* es el proceso de aumentar la capacidad de un creyente para *teologizar, adorar y evangelizar.*

Estas sugerencias no pretenden ser prescriptivas:

⋄ **La teología** es la *reflexión de la Iglesia acerca de la Historia de la victoria del Reino de Dios sobre el diablo,* revelada en la Gran Tradición. Con humildad, los creyentes buscan la Palabra inspirada de Dios, los concilios, los credos y la historia de la Iglesia, para entender esta historia triunfal a fin de que el *Pueblo de la Historia* pueda volver a recrear, encarnar y continuar la Historia. *La adoración, el discipulado y la evangelización* de la Iglesia surgen de su teología, expresadas de diversas formas entre las tradiciones ortodoxas.

⋄ **La adoración**[133] puede ser considerada en términos de *frustrar al reino de las tinieblas, al declarar la excelencia de nuestro Dios y Rey* (Jn. 4:24). Esto incluye expresiones individuales y corporativas de devoción para la gloria de Dios, no para el cumplimiento de la evangelización o para beneficio propio o de otros.[128] Incluye cantar, orar y las disciplinas espirituales. Los creyentes se benefician de estas actividades que son hechas por amor a Dios, no para el bienestar del individuo.

⋄ **El discipulado** equipa a los creyentes para *unirse a la batalla en contra del otro reino* (Mt. 28:18-20; 2 Tim. 2:2). Los niños y los nuevos creyentes adultos deben ser orientados respecto a su nueva identidad como el *Pueblo de la Historia*. Luego, deben continuamente crecer en su habilidad para representar al Reino. Esto ocurre a través de una variedad de formas creativas como la predicación, los estudios bíblicos, el teatro, los sacramentos, las reuniones informales, la catequesis formal, la educación de los niños, los grupos pequeños, la escuela dominical y las clases de confirmación.

◇ **La evangelización** es *la declaración y la demostración del evangelio para llevar a cabo la obra de Cristo para destruir las obras del enemigo* (Hch.8:26-40; Lc. 4:18-19; Tito 2:11-14; Mt. 24:14; 2 Pe. 3:12). Incluye actos de compasión, proclamación del mensaje del evangelio y el envío de misioneros a otras culturas para plantar nuevas iglesias. Los cristianos logran evangelizar cuando invitan a las personas a seguir a Jesús y unirse a la Iglesia, pero también evangelizan cuando realizan obras de justicia, libertad e integridad, independientemente de que el evangelio sea proclamado o aceptado. Los cristianos hacen buenas obras de acuerdo al corazón de Dios. El legado de la Iglesia de satisfacer las necesidades humanas mediante la educación, la salud, el agua potable y los orfanatos, son algunos de los ejemplos de la predicción de Cristo de que la Iglesia haría mayores obras que Cristo (Jn. 14:12). Estos actos de bondad violentan al reino de Satanás (Mt. 11:12).

El *Pueblo de la Historia* continúa creciendo en el *discipulado* cristiano, ya que *adora*, crece en su comprensión de la *teología* y *evangeliza*. Cada persona ejercita sus dones espirituales, mientras la iglesia se opone al otro reino.

Mientras que los métodos tradicional y pragmático enfatizan "la iglesia reunida (lo que sucede dentro de la iglesia)", y el método emergente se enfoca en "la iglesia dispersa (lo que ocurre afuera de la iglesia)", el *Pueblo de la Historia* busca un enfoque más integral que reconoce tanto a la iglesia *reunida como la dispersa*. En la teología, la adoración, el discipulado y la evangelización, los cristianos resuelven su salvación de manera individual y colectiva, haciendo a la iglesia local una comunidad que se reúne y se dispersa (ver capítulo 8) en un ciclo natural de vida, semana tras semana, temporada tras temporada y año tras año.

La identificación con las *Raíces Sagradas* de la Iglesia no es la búsqueda de un método. Los métodos sugieren preguntas como: "¿Están ellos viniendo a la iglesia? ¿Están siendo alimentados? ¿Es relevante para la postmodernidad?" La mejor pregunta es: **"¿Estamos todos juntos siendo fieles a la Historia en todos los aspectos de nuestra vida?** "Si es así, una iglesia puede estar libre de preocupaciones metodológicas.

Los cristianos son restaurados hacia una fe vibrante cuando las iglesias enfocan su energía personal y comunitaria alrededor de las *Raíces Sagradas* de la Iglesia—como el *Pueblo de la Historia*.

Capítulo 21: Convirtiéndose *en el Pueblo de la Historia*

LA HISTORIA ES el drama de Dios, **donde el Padre es el Autor, Jesús es el Campeón y el Espíritu Santo es el Narrador, narrada a través de la Biblia, la Gran Tradición y la historia de la Iglesia.** Dios invita a todos a unirse a este drama antiguo. Todos los que respondan por fe son injertados en esta identidad. Ellos se convierten en el *Pueblo de la Historia* Los cristianos han recibido esta identidad de la Iglesia, la cual la recibió de los apóstoles, quienes la recibieron de Jesús, quien la recibió del Padre. Tal identidad explica qué creen los cristianos, quiénes son, de dónde vienen, a dónde van y qué deben hacer.

Una rama del árbol

En lugar de una colección de individuos, reunidos en torno a una filosofía común, una iglesia debe entenderse como una rama de un árbol que crece desde sus *Raíces Sagradas*. Por eso, las *Raíces Sagradas* son simbolizadas por un árbol (ver figura 19).

Figura 19: *Raíces Sagradas*

Mi amigo, Brad Brown, amplió esta metáfora:

> ¡Él es la vid, vosotros sois los pámpanos! Lo cual nos da una profunda conexión, un vínculo con otros cristianos en toda la ciudad, en todo el estado, a nivel nacional, ¡en todo el mundo! Las partes de cada cultura y raza ... conectadas a la única Vid Verdadera. Miles y miles de ramas, tallos, retoños y hojas, obteniendo para siempre su sustento de una fuente que está profundamente arraigada en la eternidad. Y es a partir de este gigantesco y antiguo tronco, dando vueltas a lo largo de la historia, que el Creador ha cultivado una variedad increíble de millones y millones de frutas, que han florecido y brotado más allá de los sueños y expectativas más descabelladas que como individuos hayamos tenido en términos agrícolas.[134]

Aquellos que quieran ser el *Pueblo de la Historia* deben hacer un compromiso mayor para este cambio completo de identidad. No es práctico "hacer pequeños ajustes" o "moverse gradualmente en esa dirección". El racionalismo, el *concepto de mercadeo*, la postmodernidad, o cualquier número de factores culturales sacarán de curso continuamente a una iglesia, a menos que haya consenso entre los líderes de liberarse de su fuerza gravitacional. Las iglesias deben correlacionar todos los aspectos de la vida de la iglesia con la historia. Don Davis dice:

La Historia da forma a nuestra vida de familia e iglesia:

⋄ En teología, reafirmamos a Dios como el Autor de la Historia, a Jesús de Nazaret como su Campeón y al Espíritu Santo como el intérprete de la Historia.

⋄ *Las Escrituras* son el testimonio vivo y el registro de la Historia.

⋄ En nuestra *adoración,* históricamente recitamos la Historia, proféticamente la proclamamos y teatralmente la recreamos.

⋄ En la *incorporación* a nuestra comunión, *bautizamos a los convertidos,* ayudándoles a identificarse con la Historia.

⋄ En *nuestro discipulado,* aprendemos, memorizamos y meditamos en la Historia, siendo entrenados en su significado.

⋄ En la *formación espiritual,* encarnamos la Historia.

⋄ En *consejería,* permitimos que otros comprendan sus propias historias en contraposición a la Historia de Dios.

⋄ En nuestro *servicio y evangelización,* expresamos el significado de la historia a través de actos de hospitalidad y generosidad.

⋄ En nuestro *testimonio, anunciamos* la Buena Nueva de la Historia a todos los que nunca han oído del Gran Drama de Dios.

⋄ En nuestra *esperanza,* aguardamos la consumación y el cumplimiento de la Historia.[135]

Cada aspecto de las actividades, programas, estructuras y estrategias de la iglesia, deben ser evaluadas a la luz de su contribución a la Historia. Mientras que el Método Pragmático evalúa sobre la base de asistir, dar y otros enfoques tipo empresarial, el *Pueblo de la Historia* evalúa en términos de **fidelidad a la Historia**, articulada en la Gran Tradición. Ya que esto podría ser una nueva forma de pensar acerca del ministerio, podría tomar cierto tiempo practicarlo.

Actividad de evaluación

Como punto de partida, cada grupo afín (ver Capítulo 17) y cada programa o actividad deben ser elegibles para su consideración (ver figura 20).

La Historia
Definida por la Gran Tradición y la tradición local

Figura 20: Actividad de evaluación

Luego, la actividad debe ser evaluada en términos de su conexión con la historia de Cristo y su Reino, como una expresión o de la teología, la adoración, el discipulado, o de la evangelización.

La primera pregunta de evaluación es: **"¿Ayuda esta actividad a nuestra congregación a aumentar nuestra capacidad de hacer teología, adoración, discipulado y evangelización, o está diseñada para aumentar la asistencia?"** Las actividades destinadas a "aumentar la asistencia" o "satisfacer las necesidades de la gente", deben ser vistas con sospecha y consideradas para su eliminación o ajuste. Por ejemplo, un estudio de seis semanas sobre las finanzas personales no debe *ayudar a las personas a manejar mejor sus finanzas*, sino a *aumentar su capacidad* de ser mayordomos de sus finanzas para una mayor <u>difusión</u> del Reino.

Una segunda pregunta es: **"¿Esta actividad ayudará a nuestra congregación a entender la Historia de una manera más profunda o reforzará algún aspecto que recorta a Jesús de la** imagen?" Las actividades que reforzan las suposiciones CHICAS podrían ser contraproducentes para la salud de los participantes. Por ejemplo, un grupo pequeño de estudio bíblico que se reúne para estudiar libros que enfatizan un *Enfoque Sustituto,* podría encerrar a sus miembros "en una prisión CHICA" (ver Capítulo 11). Puede ser mejor para un grupo pequeño reconsiderar su material de estudio en lugar de estar expuesto al riesgo del *efecto de lo CHICO.*

Una tercera pregunta es: **"¿Esta actividad usa un mercado objetivo para segmentar a la congregación, o promueve un sentido de lealtad a la Iglesia Universal y la iglesia local?"** Por ejemplo, ¿los estudios bíblicos para mujeres tienen su propio sentido de identidad aparte de la iglesia local, o las mujeres están siempre conscientes de su conexión con el todo? Quizás se ha vuelto su propio grupo afín (la iglesia B).

Cada aspecto de la vida de la iglesia debe encarnar, recrear y expresar la Historia a través de la teología, la adoración, el discipulado y la evangelización. El proceso de mercado objetivo puede ser revertido a través de una re-integración en la Historia. Por tanto, los ministerios de niños, adolescentes, adultos, hombres y mujeres, los grupos pequeños, grupos de abuso de sustancias, ministerios de consejería, ancianos, diáconos, escuela dominical y equipos de misiones a corto plazo, todos deben verse a sí mismos a la luz de la Historia. Desarrollar una identidad como el *Pueblo de la Historia* es un proceso que puede ocurrir en los niveles más sencillos. Por ejemplo, una fiel trabajadora de sala cuna, que con amor atiende bebés cada semana, está haciendo un trabajo poderoso para el Reino. Los padres del bebé se sienten libres para estar en el culto y el niño experimenta la seguridad de ser amado por una gran familia de la fe. Sin decir una palabra, esta sierva de Dios transmite un sentido de identidad al niño. Este proceso, reforzado por cientos de encuentros con gente en la iglesia durante toda la infancia, consolida una identidad basada en las *Raíces Sagradas* de la Iglesia.

Las raíces de identidad se profundizan a través de decenas de conversaciones en los pasillos, en las actividades de compañerismo, retiros, etc. Convertirse en el *Pueblo de la Historia* toma algo de tiempo, haciendo relaciones, no como un programa o iniciativa. Una vez que este proceso de identidad comienza a echar raíces, los cristianos deben recordarse continuamente unos a otros que la *Historia es lo principal, no el individuo.* Tal reorientación se debe hacer en comunidad, dado a la tendencia humana de olvidar. La meta de la <u>actividad de evaluación</u> es *integrar la fe personal y comunitaria en torno a la historia de Cristo y su Reino.* Antes de que los cristianos aburridos sean restaurados hacia una fe vibrante, todas las actividades, programas y estrategias deben alinearse con la Historia del Reino, para que *Jesús recobre su lugar como el* TEMA. Habrá que tomar decisiones difíciles con amor, asegurándose de que prevalezca la unidad para que el enemigo no tome partido y divida. Sin embargo, los líderes de la iglesia deben ser audaces para asegurar que Jesús no sea *recortado de la imagen.*

La <u>actividad de evaluación</u> es muy efectiva para iniciar el proceso de formar la identidad de la Iglesia como el *Pueblo de la Historia.* Aunque esto no garantiza una mayor asistencia a la iglesia o presupuestos balanceados, fomentará a Cristo como la figura principal en la vida de la iglesia, lo que lleva a una mayor fidelidad y compromiso con él.

Capítulo 22: Más identidad, menos método

LA IDENTIDAD ES UNA fuerza poderosa. El pueblo judío tenía la identidad como pueblo de Dios. Ellos tenían una historia familiar que los conectaba con Dios, con siglos de historias acerca de las proezas heroicas de la fe, así como de sombríos actos de cobardía (a veces del mismo pueblo). Esta identidad profundamente arraigada permitió que la Iglesia se estableciera como una continuación de esa historia. Los gentiles pudieron ser injertados en el árbol porque ya habían raíces que estaban profundas en el terreno de la historia.

Cuando las raíces de identidad son poco profundas, los cristianos pueden confundirse sobre quiénes son, de dónde vienen y hacia dónde van. Cuando esto sucede a menudo recurren a los métodos, razón por la cual los métodos tradicional, pragmático y emergente se han vuelto tan populares. A lo largo de la historia, cuando la Iglesia ha olvidado sus *Raíces Sagradas*, se ha hecho énfasis en los métodos, dando lugar a que *Jesús sea recortado de la imagen.*

Al encontrar identidad en la historia, una iglesia puede mantenerse alejada de los peligros de los métodos tradicional, pragmático y emergente (ver figura 21). Además, con unos cuantos ajustes, estos tres métodos pueden conservar muchas de sus cualidades positivas y seguir disfrutando de sus distintas prácticas y de su herencia.

Liberando al método tradicional

La principal dificultad para los tradicionalistas es darse cuenta de que pueden abrazar la Gran Tradición sin ser desleales a sus

Suposiciones	*Identidad Basada en las Raíces Sagradas*
Punto de partida	La Gran Tradición
Suposiciones culturales	Sin suposiciones culturales
Principio fundamental	El Reino de Dios
Época nostálgica	Sin época nostálgica
Antagonista común	El mundo, la carne y el diablo
Lentes bíblicos	Racional y narrativo
Tema/objeto	Tema: Cristo; Objeto: La Iglesia
Enfoque de energía	Integrar en torno a la Historia
Lema	Ser fiel a la Historia

Figura 21: Una identidad basada en las *Raíces Sagradas*

compromisos con la *Biblia y la Cruz*. En otras palabras, abrazar las *Raíces Sagradas* de la Iglesia no es un acto de apostasía evangélica. El *Pueblo de la Historia* no se une con ninguno de los antagonistas comunes de los tradicionalistas, sino que simplemente busca recuperar la Gran Tradición que precede a todos estos antagonistas.

De hecho, identificarse con las *Raíces Sagradas* es un llamado a un énfasis en la Biblia *más grande* que el enfoque CHICO de los tradicionalistas. Los tradicionalistas pueden regocijarse en su devoción a la Escritura, sabiendo que aún hay *más* en la Palabra de lo que originalmente pensaban. Un punto de vista narrativo de la Biblia, sumado a su punto de vista racionalista / moderno de la Escritura, sólo aumentará su aprecio por las Escrituras. Los que abrazan las *Raíces Sagradas* pueden "tener su pastel y también comérselo". Sin embargo, puede ser difícil renunciar a su análisis versículo por versículo de la Biblia. Leer la Biblia abiertos al misterio es un desafío.

Enfoque narrativo

A fin de ser eficaces en las misiones transculturales, los tradicionalistas deben ampliar su visión racionalista de las Escrituras para poder escuchar a la Biblia como Historia. A veces los tradicionalistas asemejan la madurez cristiana con un estilo educativo de tipo CHICO (Lingüístico-Mental), etiquetando erróneamente a las iglesias del Nuevo Testamento como "comunidades de aprendizaje". Sin embargo, durante la mayor parte de su historia la Iglesia ha aprendido acerca de Cristo a través de la narración y la metáfora, por lo que un enfoque cognoscitivo de la Biblia no debe ser el principal medio para discipular a los creyentes. Los tradicionalistas con un corazón en la Gran Comisión deben ser sensibles a las culturas que procesan la información de forma narrativa.

Punto de vista sobre la expiación

El unidimensional punto de vista de los tradicionalistas sobre la expiación, basado en la obra de Jesús en la cruz, puede mantenerse como el principal logro de la vida de Jesús. La buena noticia es que aún hay *más* aparte de la cruz (para la salvación personal). El punto de vista acerca del *Christus Victor*, que ve todas las victorias de Cristo en contra del reino de los poderes del mal, libera a los tradicionalistas para adorar a Jesús de una manera aún más significativa.

Abrazando la Pre-Reforma

Otro reto es aceptar cualquier cosa sucedida antes de la Reforma, sin reducir un aprecio por la época de la Reforma. A veces es difícil darse cuenta de que la Iglesia Católica Romana precedió al Protestantismo y de que la Gran Tradición vino antes que la Iglesia Católica Romana. Para muchos tradicionalistas, no hay mucho de valor entre la época bíblica y la Reforma. Los tradicionalistas se pierden de una gran riqueza de sabiduría y discernimiento de los hombres y mujeres que dejaron un legado de su experiencia cristiana entre los años 100-1500 D.C. Además, a algunos tradicionalistas aún les cuesta superar las formas chocantes en que la Iglesia Católica Romana abusó de su poder, sindo víctima de la cultura que le rodeaba durante la época medieval. A su manera, el catolicismo medieval *recortó a Jesús de la imagen*. De hecho, cualquier iglesia es susceptible a *recortar a Jesús de la imagen*, haciendo de algún aspecto de la fe el nuevo "método".

Si bien las actuales prácticas católicas deben ser muy revisadas y evaluadas, queda claro que los métodos tradicional, pragmático y emergente también han sucumbido ante sus propias fuerzas culturales. Realmente *debemos sacar la viga de nuestro propio ojo* antes de sacar la astilla de la Iglesia Católica Romana. La Gran Tradición provee un punto de partida seguro para un debate amoroso con los católicos romanos y las ramas de la Iglesia Ortodoxa Oriental.

La presión de tener respuestas
Otro beneficio de abrazar las *Raíces Sagradas* es que el temor tradicionalista al secularismo y otras filosofías puede desaparecer, pues consideran que *el mundo, la carne y el diablo* son su nuevo antagonista. Ya no es necesario estar bajo la amenaza constante de tener respuestas racionalistas para cada pregunta escéptica. Mientras que la fe siempre debe ser vigorosamente defendida (Judas 3), los tradicionalistas pueden gozarse al saber que ya no tienen que ser grandes filósofos para representar a Cristo con eficacia. En su lugar, pueden volver a un tiempo en que a las personas se les pedía que "creyeran" primero y que luego "comprendiesen las Escrituras". El

racionalismo sugiere que las personas *comprendan* antes de creer, sobrecargando a la persona que hace el argumento. Pero Webber dice: "Se debe venir al cristianismo creyéndolo y aceptándolo, sin depender de ningún dato que venga de afuera. El cristianismo requiere fe para dar un paso adentro de su historia sin depender de convicciones históricas, científicas o racionales".[136]

Por fortuna, *hay* respuestas claras para personas con preguntas genuinas y son respuestas simples que podrían ser aprendidas por analfabetas. Por ejemplo, se ve una iglesia que persevera por siglos (a pesar de sus defectos), demostrado por su compromiso con la Gran Tradición. Vemos a Dios preservando a los judíos, lo cual confirma su existencia. La vida, los milagros y la resurrección de Cristo son una meta-narrativa convincente que acoge a todas las culturas para que se unan a su historia. Para los que *desean* creer, hay mucha apologética científica y filosófica para casi todas las objeciones. Pero para los que eligen la incredulidad, *ninguna cantidad de pruebas sería suficiente*. Por lo tanto, la gente no tiene que ser ganada por argumentos inteligentes, sino simplemente puede ser invitada a *seguir a Jesús*. Si ellos no creen no se debe al fallo de los tradicionalistas para responder a preguntas racionalistas complejas, sino a **su negativa** para creer la Historia.

*Abandonando los enfoques sustituto*s
Algunos tradicionalistas se muestran renuentes a renunciar a su interés por un *Enfoque Sustituto* (ver Capítulo 11). Un enfoque en Cristo y su Reino debe relegar a *segundo plano* estudios acerca de los últimos tiempos, debates sobre creación y evolución, posiciones teológicas favoritas, temas sobre matrimonio, familia o política. Además, los tradicionalistas preocupados pueden tener una nueva

perspectiva sobre la situación del mundo, la nación, la cultura estadounidense en decadencia, la economía, o de quién controla la Casa Blanca, la Corte Suprema y el Congreso. Si bien todos los cristianos estadounidenses deben participar enérgicamente en la política y la preservación de la cultura como expresión de la justicia social, no es necesario que lo hagan con una actitud de miedo. El papel *de Jesús* es consumar su Reino. No va a ser introducido por los demócratas o los republicanos.

Las épocas nostálgicas

Aunque los años 50's fue una época nostálgica para muchos evangélicos blancos, no lo fue para la iglesia negra de Estados Unidos. Otras épocas podrían ser nostálgicas para los tradicionalistas, pero ninguna se compara con la esperanza *futura* que Él ha preparado para los que anhelan su venida (2 Tim. 4:8; Ap. 21:1-5).

Cambiando el paradigma del método pragmático

Los pragmáticos tendrán más dificultad de reconstruir su identidad sobre las *Raíces Sagradas*, pues el pragmatismo está tan arraigado en su psiquis. Sin saberlo, utilizan el *concepto de mercadeo* en casi todas las decisiones, por lo que necesitan una nueva y completa cosmovisión. El pragmático tiene que tirar por la borda años de suposiciones. Para algunos, puede ser tan difícil como romper una adicción. Por ejemplo, ellos pueden encontrar contra-intuitivo considerar que la asistencia y el presupuesto no son instrumentos sagrados de medición. En vez de dejar los resultados a Dios, el pragmático tiende a juzgar la legitimidad de un ministerio basado en resultados medibles, especialmente en la asistencia, los edificios y el dinero. Si estos van en aumento, se asume que el ministerio es eficaz, legítimo y bendecido. Jethani dijo: "¿Y si no somos nosotros los principales agentes del crecimiento abundante? ¿Qué pasa si dejáramos de juzgarnos a nosotros mismos y a otros basados en los resultados que legítimamente le pertenecen a Dios, y redescubriéramos la humildad del sembrador quien se levanta de día y de noche para echar la semilla al suelo y maravillarse mientras ésta crece?"[137] Para los pragmáticos que están al borde del agotamiento, este cambio de paradigma puede ser de alivio— y "justo a tiempo". De hecho, puede parecer "demasiado bueno para ser verdad" que el pragmático pueda salir de la rutina de "los números como medida de éxito".

Innovar apropiadamente

Algunos pragmáticos pueden verse tentados a usar las *Raíces Sagradas* como otra forma de atraer al consumidor individual. Su familiaridad con el *concepto de mercadeo* los llevará a utilizar la narrativa y el misterio como herramientas para satisfacer las necesidades individuales, o como una nueva forma de empaquetar el mensaje para atraer a las masas. El reto de los pragmáticos es *usar* la innovación sin ser *guiados por ella*. Por ejemplo, David Wells dijo: "La relevancia no consiste en … la tendencia de mercadeo de moda, los últimos datos demográficos, el estudio más reciente sobre la depresión, lo que la nueva generación piensa, o la música contemporánea … Estudios sobre la vida contemporánea, ya sea de tipo demográfico o psicológico, … son útiles para entender cómo es la vida en un mundo (post) moderno, pero estos estudios no le dan a la iglesia su agenda".[138] La innovación no es algo malo cuando se hace correctamente, sino sólo cuando Jesús ha reemplazado "al cliente" como el Rey.

Denme la esencia

Otra dificultad para los pragmáticos será conceptualizar cómo *fue recortado Jesús de la imagen*, ya que están acostumbrados a frases cortas, simples y fáciles de comunicar. Los pragmáticos quieren "la esencia", por lo que podría ser abrumador mantener su atención lo suficiente como para comunicar las complejidades del *proceso de recorte y de anular el recorte*. Debido a que las suposiciones de tipo CHICO son profundas, las personas pueden tener dificultades para comprender las profundas diferencias entre *mi relación personal* y s*u Historia del Reino*, y pasar por alto las ideas demasiado rápido. De hecho, el impulso de los pragmáticos de brincarse a una aplicación práctica hará casi imposible aclarar las diferencias entre la "relación personal" y "la historia del Reino". Se preguntarán apresuradamente: "¿Y ahora qué hago?" Desarrollar raíces profundas toma tiempo y no va a suceder de la noche a la mañana. Sería mejor preguntar: "¿Cómo puedo vivir esta identidad del Reino?"

Aceptar el sufrimiento

A los pragmáticos también les resulta difícil abrazar una teología del sufrimiento. Las fuentes del mal que aparecen en la Biblia (el mundo, la carne y el diablo) podrían ser nuevas para muchos pragmáticos, pudiendo desconectarlos de una mentalidad terapéutica que puede ser desalentador. De hecho, algunos pragmáticos se convirtieron al cristianismo con el único propósito de evadir las dificultades. Sin embargo, para los que han enfrentado tragedias personales, comprender bíblicamente el sufrimiento podría ser liberador. Debe ser un alivio saber que la dificultad, la muerte, la enfermedad y el dolor inexplicable, no son necesariamente culpa del pragmático que hace "algo mal".

Anclando el método emergente

De alguna manera, la Iglesia Emergente tiene el mayor potencial para encarnar las *Raíces Sagradas* de la Iglesia. Ellos ya tienen una perspectiva narrativa de las Escrituras y están dispuestos a adoptar las prácticas de la pre-Reforma (e incluso las más primitivas). Están profundamente comprometidos a hacer de Jesús el centro y a vivir juntos sus enseñanzas misionales. Su apertura al diálogo teológico y su aprecio por el misterio, los pone menos defensivos y atrincherados que los tradicionalistas y pragmáticos. Algunos emergentes están creando formas maravillosas de expresar adoración como "productores", en contraste a los pragmáticos orientados al consumidor. De hecho, puede ser que un buen número de iglesias emergentes ya ha comenzado la formación de una identidad basada en las *Raíces Sagradas* de la Iglesia.[139]

Utilitario

Sin embargo, a muchos emergentes les resultará difícil aceptar estas *Raíces Sagradas*, ya que su compromiso con las prácticas antiguas es más práctico que teológico.[140] Hay un *rasgo individualista* fundamental en sus experimentos de adoración. Por momentos, parece que la *expresión del individuo* es más importante que lo que agrada a Dios. Además, el enfoque de la iglesia emergente es tan misional que podrían pasar por alto la adoración como una simple expresión de agradecimiento por los logros de Jesús. Gibbs y Bolger expusieron el utilitarismo de los emergentes cuando dijeron que las actividades espirituales son útiles para proveer energía espiritual y sentido de vocación para la misión.[141] La Gran Tradición brinda el apoyo esencial del cual la expresión individual debe ser medida. La lealtad a Jesús empieza con lo que Dios quiere que sea su "celebración", no con lo que el individuo emergente quiere (ver Capítulo 6: La adoración como celebración).

Posibles sectas

El compromiso de los emergentes de *seguir la vida de Jesús* no ofrece por sí solo suficiente apoyo básico para mantenerlos enraizados en la ortodoxia. La Iglesia de Jesucristo de los Últimos Días (mormones), la Ciencia Cristiana y los Testigos de Jehová ejemplifican cómo una simple afirmación de *Jesús* o de *Jehová* no es suficiente para mantener a un grupo anclado en la fe cristiana histórica. Por lo tanto, cada iglesia emergente debe "atar" su teología a la Gran Tradición, o se volverán liberales o una secta que sea enemiga del mismo Jesús a quien siguen. Los emergentes son especialmente vulnerables a la herejía, pues basan su teología en un *diálogo abierto*.

Capacitando a la próxima generación

No está claro cómo el método emergente pasará su fe a sus hijos. Como un movimiento de personas jóvenes y de la mediana edad, quizás no consideraron cómo llevar a cabo la educación cristiana de sus hijos. Los niños no son capaces de "entrar en una conversación teológica", lo cual es clave para los emergentes, hasta que ellos desarrollan la habilidad de razonar y reflexionar. Los niños pueden experimentar la vida en la comunidad cristiana, pero también *necesitan que les digan* qué es lo que los cristianos creen. La indecisión de los emergentes para hacer tales enunciados declarativos y su deseo de trazar una línea entre los "de adentro y los de afuera", hace que la formación comprensible para los niños sea un reto. Abrazar las *Raíces Sagradas* de la Iglesia puede ayudar al respecto.

Identificación con la postmodernidad

Algunos emergentes pueden sentir la euforia de un nuevo movimiento que es aceptable para la cultura popular. Puede sentirse moderno, interesante y atractivo. Pero el énfasis postmoderno de los emergentes también los coloca en una posición precaria. Cuando la frescura desaparece, es posible que se sientan aún más desmoralizados que antes, perdidos y solos, sin un objetivo central. El tradicionalista tiene *la Biblia y la Cruz*, en las que "encuentra un refugio en tiempos difíciles". El pragmático tiene el *concepto de mercadeo* para ayudarle a navegar en aguas turbias cuando está "perdido en el mar". El emergente no tiene tales ideas que le dé coherencia, dejándolo sin un lugar de refugio o una "estrella que le guíe". La postmodernidad, por su naturaleza, no da una verdad objetiva suficiente como para formar o mantener un movimiento. Le deja demasiado a la persona. La Gran Tradición siempre será un puerto seguro al que los emergentes agotados puedan volver.

Además, cuando los misioneros comienzan con un deseo de ser culturalmente relevantes, están en peligro de convertirse en esclavos de la cultura (sincretismo). Cuando la gente contextualiza la Biblia a una cultura sin la sabiduría transmitida a lo largo de los siglos, la cultura tiende a abrumar a la teología de ellos. Las iglesias deben desarrollar raíces profundas de identidad que provean los recursos necesarios para conectarse con la cultura *sin ser sincretistas*. Las buenas estrategias para la misión siempre *empiezan con la Gran Tradición* y luego contextualizan hacia fuera. Belcher dice: "Es como si las iglesias emergentes quisieran el fruto pero no las raíces de donde vinieron. Así, en su intento de ser culturalmente relevantes (lo cual lo hacen muy bien), sus tradiciones no son lo suficientemente fuertes, me temo, para resistir ser absorbidos por la cultura que los rodea. Simplemente no hay suficiente profundidad en las disciplinas y prácticas adoptadas".[142]

Los emergentes deberían ser aplaudidos por su pasión para contextualizar dentro de la postmodernidad. Ellos ejemplifican la obra del Espíritu Santo para guiar a la Iglesia en una época emergente. Sin embargo, los emergentes deben aprender de los errores de los misioneros del pasado que trataron de importar la cultura colonial europea a África, o de los judíos que obligaron a los gentiles a circuncidarse antes de convertirse en cristianos. Los misioneros emergentes que son enviados a culturas no occidentales pudieran sorprenderse al descubrir que los pueblos indígenas, especialmente los pobres, no usan ninguna conversación filosófica acerca de la modernidad, sino que simplemente desean aliarse con la Historia dada en la Gran Tradición. Las iglesias deben ser plantadas con la expresión de la cultura *indígena*, no con la de los postmodernos.

La historia ha demostrado que la Iglesia ha enfrentado múltiples cambios en la filosofía predominante (ver Apéndice 5: "Seis paradigmas de la historia"). Es muy natural creer que la filosofía más reciente sea la última. Pero es poco probable que la postmodernidad sea la época final de la filosofía humana. A menos que el Señor regrese, es posible que algunas otras filosofías sobrepasen a la postmodernidad. Por lo tanto, los emergentes no deben aferrarse a la postmodernidad.

Otros peligros que recortan
Los emergentes están en riesgo de *recortar a Jesús de la imagen* de otras dos formas. En primer lugar, su teología del Reino es principalmente misional y rara vez se menciona la presencia y participación del mal. Los poderes del mal son a menudo *recortados* de la imagen. Su desagrado por el nacionalismo y la alineación de los tradicionalistas

con la política conservadora, hacen de la noción de la "guerra espiritual " un tema desagradable. Pero, como el Rey Théoden en *El Señor de los Anillos*, esta guerra ha sido impuesta sobre los emergentes, ya sea que les guste o no. En segundo lugar, así como los tradicionalistas se resisten al pensamiento pre-reformista, los emergentes se resisten a la iglesia institucionalizada, que también se conoce como la cristiandad (ver Apéndice 5: "Una cronología de otros desarrollos históricos"). Su crítica de las recientes expresiones tradicionalistas o pragmáticas es admirable, pero los emergentes deben tener cuidado de no *recortar al Espíritu Santo de la imagen*, quien ha estado obrando aún en la cristiandad.

Finalmente, el deseo de los emergentes de encarnar las enseñanzas de Cristo es una mejora de la ética privatizada de los otros métodos. Sin embargo, si su "lista" simplemente reemplaza a la "lista" de los pragmáticos, Jesús terminará siendo *recortado de la imagen* una vez más. No es útil sustituir a una teología *basada sólo en la cruz*, con una *basada sólo en la enseñanza*. Una visión multi-dimensional del *Christus Victor* es la mejor manera de prevenir el *efecto de recorte*. No hay ninguna razón para poner las *enseñanzas* de Jesús en contra de su *obra vicaria en la cruz*. Ambas deben ser celebradas.

Libertad en Cristo

Los emergentes que no pueden amarrarse a la Gran Tradición pueden tropezar en el camino. Al igual que los tradicionalistas y los pragmáticos, los emergentes necesitan estar *arraigados, mas no limitados*. Necesitan ser libres en Cristo, pero no *recortar de la imagen a Jesús o al reino del diablo*.

Tienen razón de declarar un sentido *emergente* de la obra del Espíritu Santo en la Iglesia a lo largo de la historia, pero esa emergencia fluye desde un *lugar objetivo*, como un árbol cuyas *Raíces Sagradas* profundizan en la tierra y cuyas ramas siguen creciendo de manera emergente.

Los emergentes que sabiamente se anclan a estas *Raíces Sagradas* tendran la libertad de explorar completamente sus actuales compromisos. Al igual que los músicos de jazz que se basan en estructuras de innovación, los emergentes conectados a las *Raíces Sagradas* pueden contextualizar dentro de la postmodernidad, reaccionar contra la cristiandad, seguir a Jesús y sus enseñanzas, adorar como productores y continuar su conversación teológica.

Conclusión

Jesús recortado de la imagen es una historia de consecuencias imprevistas de cristianos bien intencionados que desean cumplir la Gran Comisión. La Iglesia estadounidense, que una vez fue tan dinámica, creativa y vigorosa, se está convirtiendo en letárgica, tibia y poco profunda, ya que combina la fe cristiana con los principios del mercadeo moderno (sincretismo). Como resultado, la respuesta más común es emplear un método para construir la iglesia, en vez de volver a las *Raíces Sagradas* de la Iglesia.

La identificación con estas *Raíces Sagradas* <u>no</u> es un método. No es una campaña inteligente para revitalizar a la iglesia para que crezca la asistencia o para ser relevante a la cultura contemporánea. **Es un llamado a volver a algo antiguo, viejo, confiable, probado y verdadero.**

Con su fidelidad a la Historia del Reino, una identidad basada en las *Raíces Sagradas* puede *liberar* al Método Tradicional para una mayor productividad, *cambiar el paradigma* del Método Pragmático para que pueda innovar adecuadamente y *sujetar* al Método Emergente para que pueda contextualizar en una comunidad misional. Forjar una identidad basada en las *Raíces Sagradas* de la Iglesia permite a las iglesias:

◇ Desvincularse de las fuerzas culturales que causan que la iglesia estadounidense decline
◇ Reconectarse con su historia, las *Raíces Sagradas*
◇ Conservar su herencia y su expresión distintiva
◇ Plantar iglesias en culturas aborígenes/autóctonas
◇ Convertirse en el *Pueblo de la Historia* en su teología, adoración, discipulado y evangelización, para la gloria de Dios.

El propósito de este libro no es arreglar la iglesia, sino darle una mayor honra y gloria a nuestro Señor y Salvador Jesucristo. Que Él ya no sea *recortado de la imagen de su propia Historia*.

⛩

Padre nuestro que estás en el cielo, santificado sea tu nombre. Venga tu reino, hágase tu voluntad en la tierra como en el cielo. Danos hoy nuestro pan de cada día. Perdona nuestras ofensas, como nosotros perdonamos a los que nos ofenden. No nos dejes caer en la tentación, mas líbranos del mal. Porque tuyo es el Reino, el poder y la gloria, ahora y por siempre.

Amén

Epílogo

Jesús recortado de la imagen narra mi viaje desde el desaliento hasta la libertad gozosa; mi experiencia con la miniaturización estadounidense acerca de la Historia, y el descubrimiento de que el Reino, expresado en la Gran Tradición, es el antídoto para el proceso de *recorte.*

Construir una identidad basada en las *Raíces Sagradas* de la Iglesia ayuda a las iglesias de todas las culturas a arraigarse en la Gran Tradición, por lo que la Iglesia puede ser una, aún libre de expresar su devoción dentro de su cultura aborigen/autóctona. Este ha sido el propósito de Dios desde antes de la fundación del mundo, revelado a Abraham y cumplido en Ap. 5:9.

Formar esta identidad es la manera de restaurar a los cristianos aburridos hacia una fe vibrante. La identidad produce vida, pero los métodos basados en el "cómo" recortan a Jesús de la imagen. De hecho, el subtítulo "cómo restaurarlos hacia una fe vibrante" es una referencia irónica a la tendencia actual de moverse en dirección al método más reciente basado en el *cómo.*

Como director fundador de El Instituto Ministerial Urbano (TUMI), el Rev. Dr. Don Davis ha invertido décadas de investigación y estudio en las *Raíces Sagradas* de la Iglesia, que son la base del enfoque de TUMI para el desarrollo del liderazgo de la iglesia urbana.

Como Director de Satélites de TUMI, me siento honrado de trabajar bajo el liderazgo pionero del Dr. Davis, para producir nuevos recursos que ayuden a las iglesias a anclarse a sus *Raíces Sagradas*. Muchos de los recursos ya existen y se pueden encontrar en nuestra página www.tumi.org, donde hemos dedicado una sección a las *Raíces Sagradas* (*"Raíces Sagradas*: Movilizar a las iglesias urbanas para la acción").

Además, en www.tumi.org, la "Tienda de TUMI" ofrece artículos que podrían ayudar en las áreas de *teología, adoración, discipulado* y *evangelización*. He aquí algunos ejemplos:

◇ El Dr. Davis escribe *El Anuario de TUMI* para proveer una guía semanal para la adoración y predicación para todo un año, donde los pastores pueden integrar la vida de adoración de una iglesia en torno a la Gran Tradición y a un tema anual.

◇ El *programa Domina la Biblia* es un extenso programa de memorización de las Escrituras, utilizando el Reino de Dios como su orientación sistemática. Consta de 400 versículos, cada uno con su conexión con la historia del Reino. Este material también puede ser utilizado para seguimiento y el discipulado.

◇ *El Currículo Piedra Angular* es el recurso principal de desarrollo de liderazgo de TUMI, un programa certificado a nivel de seminario para pastores, arraigado sistemáticamente en el Reino de Dios y el Credo Niceno. Está disponible en inglés y español y se imparte a través de uno de nuestros muchos campus satélites locales en todo el mundo.

◇ También ofrecemos un *Manual de plantación de iglesias urbanas* para quienes desean desarrollar un plan estratégico para plantar iglesias.

Decenas de equipos de plantación de iglesia de muchas denominaciones han sido beneficiados con este material.

El Instituto Ministerial Urbano está dedicado a faciliar movimientos de plantación de iglesia en todo el mundo, especialmente para los pobres. Estamos dispuestos a ayudar a cualquier iglesia para que esté mejor preparada para aplicar la Gran Tradición. Oro para que mi testimonio despierte su apetito para investigar las *Raíces Sagradas* de la Iglesia como **la forma** de ayudar a su congregación a convertirse en *Pueblo de la Historia*, donde los cristianos aburridos y desanimados pueden tener otra vez una fe vibrante en Cristo. ¡A Dios sea la gloria!

Apéndices

Apéndice 1: La Historia de Dios es narrada

"La totalidad del relato bíblico, desde Génesis 3, donde comenzó la guerra espiritual para la humanidad, hasta Apocalipsis 20, donde termina aún para Satanás y su reino del mal, expresa el actual conflicto entre el bien y el mal".

- Ed Murphy, Manual de Guerra Espiritual[143]

La estrategia misteriosa de Dios (Ef. 3:2-11)

Desde el principio había un plan (Ef. 1:4)...

Para invadir el reino del diablo, revirtiendo los efectos de la caída (Mt. 12:28-29)...

Y rescatar a un pueblo para hacerlo suyo (1 Pe. 2:9-10)...

Y facultar a su pueblo para continuar su obra (Jn. 14:12)...

A través del poder del Espíritu Santo (Hch. 1:8)...

Quien haría avances constantes para derrotar al enemigo (Mt. 16:18)...

Hasta que Él venga para terminar el trabajo (Mt. 24:14, 30)...

Y disfrutar de su familia para siempre (Ap. 21:1-5).

La Historia en versión de capítulos

Capítulo 1: Un intento de golpe (antes del tiempo)
Período bíblico: Gn. 1:1a

Dios existe en perfecta comunión antes de la creación. El diablo y sus seguidores se rebelan y traen el mal a la existencia. *En el principio era el Verbo, y el Verbo era con Dios, y el Verbo era Dios. Este era en el principio con Dios. Todas las cosas por él fueron hechas, y sin él nada de lo que ha sido hecho, fue hecho (Jn. 1:1-3).*

Ver también Is. 14:12-17; Ez. 28:12-19; 2 Pe. 2:4

Capítulo 2: Insurrección (la creación y la caída)
Período bíblico: Gn. 1:1b-3:13

Dios crea al hombre, que luego se une a Satanás en la rebelión. *Como el pecado entró en el mundo por un hombre, y por el pecado la muerte, así la muerte pasó a todos los hombres, por cuanto todos pecaron (Rom. 5:12).*

Ver también 1 Cor. 15:21

Capítulo 3: Preparación para la invasión (los patriarcas, reyes y profetas)
Período bíblico: Gn. 3:14-Malaquías

Dios lucha por apartar a un pueblo para Él, del cual vendrá un Rey para liberar a la humanidad, incluyendo a los gentiles. Las pistas sobre sus planes de batalla fueron insinuadas a lo largo del camino. *Ellos son israelitas, de los cuales son la adopción, la gloria, el pacto, la promulgación de la ley, el culto y las promesas; de quienes son los patriarcas, y de los cuales, según la carne, vino Cristo, el cual es Dios sobre todas las cosas (Rom. 9:4-5).*

Ver también Gn. 3:16, 12:1-3, 49.8-10; Ex. 14:13-14, 15:1-3, 19:3-6; 1 Sm. 17:45-47; 2 Sm. 7:12-16; Is. 2:2-4; Jl. 2:28-32; Am. 9:11-15; Mi. 1:2-4; Mal. 4:1-3

Capítulo 4: Victoria y rescate (encarnación, tentación, milagros, resurrección)
Período bíblico: Mt. 1:1 - Hch. 1:11

El Salvador viene a golpear y desarmar a su enemigo. *Para esto aparecíó el Hijo de Dios, para deshacer las obras del diablo (1 Jn. 3:8).*

Ver también Sal. 2:1-12; Is. 61:1-4; Mt. 4:1-11, 11.12, 12.25-30; Mc. 1:14-15, 22, 27; Lc. 1:31-35, 4:16-18, 11:14-28, 16:16; Jn. 1:14-18; Rom. 5:1-2; 1 Cor. 2:6-8; Gál. 3:10-14, 4.4-5; Col. 1:13-14, 2.15; Heb. 2:14-15, 9.11-12

Capítulo 5: El Avance del ejército (la Iglesia)
Período bíblico: Hch. 1:12-Ap. 3

El Salvador revela su plan de personas asignadas para tomar posesión progresiva del enemigo, mientras disfrutan un anticipo del Reino venidero. *Para que la multiforme sabiduría de Dios sea ahora dada a conocer por medio de la iglesia a los principados y potestades en los lugares celestiales, conforme al propósito eterno que hizo en Cristo Jesús nuestro Señor (Ef. 3:10-11).*

Ver también Mt. 10:34-39, 13:33, 16:18, 24:14, 28:18-20; Mc. 4:26-32; Lc. 10:16-20, 17:20, Rom. 16:25-26; 2 Cor. 11:13-15; Ef. 1:9-12, 2:1-10, 3:4-6, Col. 1:26; 1 Tim. 1:18, 6:12; 2 Tim. 2:3-4; 1 Pe. 5:8-9

Capítulo 6: El conflicto final (la segunda venida)
Período bíblico: Ap. 4-22

El Salvador vuelve para destruir a su enemigo, casarse con su novia y reanudar su lugar legítimo en el trono. *Luego el fin, cuando entregue el reino al Dios y Padre, cuando haya suprimido todo dominio, toda autoridad y potencia. Porque preciso es que él reine hasta que haya puesto a todos sus enemigos debajo de sus pies. Y el postrer enemigo que será destruido es la muerte. (1 Cor. 15:24-26).*

Ver también Mc. 14:24-25; Rom. 16:20; 2 Pe. 3:7-13; Ap. 7:9, 11:15, 19:6-21, 20:7-10, 21:1-11, 22-26, 22:3-5

Apéndice 2: La Iglesia como agente del Reino

La Iglesia es una comunidad del pueblo pasado, presente y futuro,
que ha sido llamada del reino de las tinieblas
a través de la fe salvífica en Jesucristo.

⋄ Una familia formada por todos los pueblos, tribus, naciones y lenguas (Gn. 12:1-3; Ap. 7:9)

⋄ El pueblo de Dios que será bendecido para estar con Él para siempre en su gloria (Ap. 21:3-4)

⋄ La novia de Cristo, por quien dio su vida como rescate (Ap. 21:2; Mc. 10:45)

⋄ El cuerpo de Cristo sobre el cual Cristo es la cabeza (Rom. 12:5; Ef. 1:22-23)

⋄ Prefigurada ya desde la promesa a Abraham (Gn. 12:3)

⋄ Un ejemplo de las bendiciones y la plenitud de nuestra comunión en el cielo. El pueblo puede experimentar una vistazo de lo que será el cielo, al observar la comunión y las buenas obras de la Iglesia (1 Pe. 2:9-10; Col. 3:12-16).

Somos salvos dentro de una comunidad.
El cristianismo es un deporte de equipo.

Apéndice 3: Su plan coherente

La creación: Dios existía en la comunidad trina. El hombre fue creado a su imagen.

La caída: la autoridad de Dios es cuestionada y el pueblo se revela, siendo esclavo del enemigo.

El plan: Se anuncia el plan del rescate de Dios (la simiente de la mujer aplastará la cabeza de la serpiente, Gn. 3:16).

El pueblo: Se les promete una familia multiétnica a Abraham e Israel (Gn. 12:1-3). Una nación judía provee una herencia de la cual más tarde se forma la Iglesia.

La persona: el libertador de los judíos invade y roba la casa del enemigo (Mt. 12:29), y desarma a los poderes del mal (Col. 2:15; Heb. 2:14).

Las naciones: En pentecostés, se establece una comunidad multinacional para llevar a cabo Su obra (Jn. 14:12). La obra redentora de Cristo *no tiene límites geográficos*.

El misterio revelado: Cristo establece la Iglesia como continuación de su esfuerzo por destruir las obras del diablo. Un templo está siendo construído hasta el fin, cuando todas las culturas entren en él (Mt. 24:14; Ef. 2:20-22). Con la entrada de los gentiles, la obra redentora de Cristo ahora no tiene *fronteras culturales*. Si el diablo hubiera conocido el plan de Dios, él no hubiera crucificado a Cristo (1 Cor. 2:7-8). Este es el misterio del plan de Dios (Rom. 16:25; Ef. 1:9-10, 3:2-11, 5:32, 6:19; Col. 1:24-27, 2:2-3, 4:3; 1 Tim. 3:16; Ap. 10:7).

> **La Historia desplegada**: La historia de la Iglesia completa el resto de la Historia de la Biblia. En la era de la Iglesia, continuamos la obra de Jesús de destruir las obras del diablo (1 Jn. 3:8), recuperando lo perdido (Lc. 19:10) bajo la dirección de Cristo.

El cumplimiento: El Rey vuelve para terminar lo que empezó. Todas las cosas son restauradas "bajo sus pies". Todos los objetivos del plan del Reino están completos, para la alabanza de su gloria.

Todo va de acuerdo al plan, cumpliendo todos sus objetivos del Reino, a pesar de que a veces parezca caótico y que deba soportarse mucho trabajo y sufrimiento hasta que todo termine.

Apéndice 4: Servicios de adoración contrastantes

Vea los libros de Robert Webber:

Una fe futura antigua (Parte 4) y *Una adoración futura antigua* (libros de Baker)

El propósito

CHICO La adoración **me** ayuda en mi andar personal con Cristo.

ÉPICO La adoración nos lleva a la celebración de **Jesús** que vivió, murió, aplastó los poderes de las tinieblas; que obra en nuestras vidas hoy en medio de la guerra espiritual, que viene de nuevo a rescatarnos y poner fin a la maldad, restaurando su lugar que le corresponde en el trono (Christus Victor).

La oración

CHICO La oración debe mantener **mi** atención.

ÉPICO La oración nos desenfoca de nosotros mientras buscamos a **Dios** en medio de una batalla espiritual que peleamos juntos.

El canto

CHICO Cantar debe ser significativo para **mí** para que **yo** pueda adorar a Dios de corazón y prepararme para escuchar el sermón.

ÉPICO El canto se centra en la celebración del *Christus Victor* que atrae nuestra atención a Cristo.

El sermón

CHICO Los sermones deben ser bien presentados para que **yo** pueda saber más acerca de la Biblia, vivir una vida mejor y tener ideas prácticas para hacerle frente a las dificultades de **mi** semana.

ÉPICO El sermón nos recuerdan la grandeza de la Historia de Cristo, los muchos aspectos del *Christus Victor*, para que encontremos nuestra identidad en su Historia. Nos recuerda las muchas historias de su salvación dadas en su Palabra.

Elemento central
CHICO El sermón es el elemento central del servicio.

ÉPICO Celebrar los logros de Cristo es el elemento central del servicio, del cual el sermón es sólo una parte.

La Cena del Señor
CHICO La Comunión me ayuda a recordar cuánto **me** ama Cristo.

ÉPICO La Cena del Señor es una dramatización misteriosa que nos recuerda la obra de Jesús para vencer al enemigo y rescatar a un pueblo para hacerlo suyo; su presencia real y poderosa en la iglesia de hoy; su inminente regreso para tomar el trono y recibir a la iglesia en el banquete de bodas.

El bautismo
CHICO El Bautismo es algo que **yo** hago para expresar **mi** relación personal con Cristo.

ÉPICO El bautismo es un mandamiento de Cristo que muestra un cambio de lealtad del reino de las tinieblas al reino de Dios, de la comunión con el mundo a la conexión con el cuerpo de Cristo, de vivir para uno mismo a una vida de unión con el sufrimiento, la muerte y la resurrección de Cristo.

El pastor
CHICO Un pastor facilita **mi** relación personal con Cristo, al proveer **mi** alimentación.

ÉPICO Un pastor moviliza a la iglesia como el ejército que representa a Cristo en una comunidad, recordándole al pueblo su identidad como el *Pueblo de la Historia*.

La meta
CHICO Todo se hace con excelencia para que yo pueda invitar a otros a venir y satisfacer sus **necesidades**. "¡Tenemos que llenar esos asientos!"

ÉPICO Todo se hace para apuntar a la Historia de un Dios que actuó, que está activo y que viene otra vez para cumplir todas las cosas, para que podamos ser fieles a la Historia. "Debemos centrarnos en Cristo, aunque nadie más venga".

La evaluación

CHICO   1) ¿Cuánto **obtuve** del sermón?
              2) ¿Cuán elevado **me siento** después del servicio?
              3) ¿Cuánto **aprendí**?

ÉPICO 1) ¿Experimentamos a Dios juntos?
              2) ¿Cuán grande se hizo Dios en relación a mí?
              3) ¿Qué tan preparado estoy para ser fiel a la Historia?

Terminología prominente

CHICO   **Yo/mi/personal** (Cristo es recortado de la imagen)
ÉPICO Cristo/Iglesia/poderes del mal

Apéndice 5: Juntando la Historia

Esta reseña selectiva de la historia pretende describir el desarrollo de los métodos tradicional, pragmático y emergente. Es imposible ofrecer un resumen único de 2,000 años de historia de la Iglesia con toda integridad, así que en vez de ello, se resumen cuatro desarrollos históricos contrastantes:

❖ Seis paradigmas de la historia de la iglesia (Robert Webber)
❖ Enfoques sobre la expiación (Gustav Aulen)
❖ División del protestantismo occidental (Robert Webber y David Wells)
❖ Una cronología clave de eventos históricos

Seis paradigmas de la historia[144]

La época bíblica (0-100). La filosofía predominante era una comprensión *integral* del mundo donde Dios estaba obrando, según el Antiguo Testamento. El énfasis estaba en la historia, los ritos y rituales transmitidos por Dios para los Judíos, una comunidad de la cual nació la Iglesia en Pentecostés y fue establecida la fe apostólica.

La época antigua (100-600) se formó por el pensamiento platónico, es decir, que los universales son de otro mundo y este mundo es una sombra de esa otra realidad. La Iglesia enfatizó el misterio de cómo la Iglesia representa la realidad del cielo. La tradición Ortodoxa Oriental se ha mantenido consistente con las prácticas de la Época Antigua y encuentra su identidad en conexión con el aspecto de "misterio" que se enfatizó en esa época.

La época medieval (600-1500) abrazó la filosofía de Aristóteles de que los universales son vistos en la creación y que la Iglesia era vista como una institución. La Iglesia Católica Romana encarna esta creencia, con su énfasis en la <u>institución</u> y organización, la cual continúa hasta hoy.

La Reforma (1500-1750) se basó en el nominalismo, la creencia de que la verdad se encuentra en la mente. La mente fue reconocida como la facultad más elevada del hombre, quien es creado a imagen de Dios. La gente empezó a creer menos en los universales inherentes de Aristóteles y más en que algo era verdad porque "Dios dijo que era verdad". A medida que las personas eran capaces de leer y la autoridad de la institución Católica Romana disminuía, la <u>Biblia</u> tomó el centro del escenario como la principal fuente de autoridad. La Iglesia volvió a la Biblia como objeto de estudio, permitiendo a los individuos interpretar lo que estaban leyendo. Se puede inferir que el individualismo se inició durante este período. El enfoque sobre Dios cambió de un "Dios que actúa en la historia como el *Christus Victor*" (la opinión predominante de la Iglesia de los primeros 1000 años), a un "Dios que habla a través de su Palabra escrita". La Biblia comenzó a ser entendida como "la mente de Dios" en forma escrita. La verdad era conocida mientras la mente humana conocía la mente de Dios a través de las Escrituras. La Biblia comenzó a ser entendida como un conjunto de datos observables que conducen a respuestas racionales, lo cual pudo ser descrito con declaraciones proposicionales. En reacción a los abusos dentro del catolicismo, la Reforma contribuyó a un alto concepto de las Escrituras y de la salvación personal por gracia mediante la fe. Con una nueva comprensión acerca de la Iglesia, los protestantes se apartaron de la Iglesia como la *presencia de*

Dios en la historia y se concentraron en su llamado a proclamar el evangelio. Las tradiciones reformadas fueron fundadas en ese tiempo y continúan hasta hoy.

La época moderna (1750-1980) se basaba en la <u>razón</u>, ilustrada por Descartes, quien dijo la famosa frase "Pienso, luego existo". Este período coincide con el período conocido como la Ilustración, que enfatizó la información empírica a través de métodos científicos, dando lugar a respuestas racionales para preguntas misteriosas. Esto condujo a la iglesia Occidental, de modo que allá por la década de 1800 los protestantes se dividieron en dos grupos por encima de la correcta aplicación de la razón: los liberales (que negaban lo sobrenatural en el terreno científico) y los conservadores (que utilizaban la razón para desarrollar una fe orientada a la comprobación). El desarrollo del método científico resultó en dramáticas mejoras en la condición humana, en una amplia actividad misionera y una erudición bíblica accesible. Tanto la tradición liberal (o acción social), como la conservadora (fundamental y evangélica) se formaron durante este tiempo. Es en este período donde nacieron los métodos Tradicional y Pragmático.

La época postmoderna (1980-presente) se formó a partir de la pérdida de confianza en la razón y la ciencia. Se le da mayor valor a la <u>experiencia</u> subjetiva que a la información objetiva y los métodos analíticos. Los postmodernos creen que el vínculo entre las declaraciones proposicionales y el significado que hay detrás de ellas se ha roto, por lo que la verdad objetiva debe ser vista con sospecha. Por tanto, la "verdad" debe ser explorada por cada individuo. El Método Emergente proviene de este paradigma de la historia.

En estas seis épocas, la fe cristiana ha sido parcialmente *formada* por la filosofía cultural que la rodea, mientras que la iglesia también ha *afectado* a la cultura que la rodea. Nunca ha habido un tiempo en que la Biblia se haya vivido en un vacío cultural. Pero a veces la cultura abusaba tanto (sincretismo) que se requería una acción correctiva.

Enfoques sobre la expiación[145]

Hay tres enfoques históricos sobre la expiación de Jesús que han dado forma a enfoques posteriores.

El enfoque clásico *(Christus Victor)* fue realizado por la Iglesia en los primeros 1000 años de su historia, que incluyó a los apóstoles y los Padres de la Iglesia. Su enfoque estaba en Cristo, el Campeón Victorioso, donde el premio mayor eran los hombres y las mujeres quitados de las garras de los poderes del mal. Fue escrito en un estilo narrativo dramático, enfatizando todas las obras de Cristo para derrotar al enemigo, incluyendo su nacimiento, muerte, tentación, sus milagros, su resurrección, ascensión y segunda venida. Para el creyente, la salvación era sólo el comienzo de una vida de batalla frente al enemigo. El bautismo era un acto para entrar en la comunidad de Jesús, uniéndose con el resto de la Iglesia para participar en el conflicto contra el reino de las tinieblas.

El enfoque latino (Objetivo) tuvo gran aceptación en la época medieval con los escritos de Anselmo (1033-1109). Él proveyó "una explicación lógica de la necesidad de la muerte de Jesucristo en la cruz. Utilizó una estructura y metáforas tomadas no de la Biblia sino del sistema feudal de su época … Él trató de interpretar la cruz con imágenes fácilmente comprensibles para la gente de su época".[146]

Anselmo enfatizó la sustitución de Cristo en la cruz como una deuda con Dios por la humanidad pecadora. Este enfoque legal es coherente con las ideas contemporáneas acerca de la jurisprudencia.

El enfoque subjetivo (Humanista) de Abelardo (1079-1142), coincidió con Anselmo (el enfoque latino). Mientras el enfoque latino de Anselmo reconocía el pago de la deuda (una transacción objetiva afuera de la humanidad), el enfoque subjetivo de Abelardo enfatizó el cambio *adentro* de una persona debido a la obra sacrificial de Jesús en la cruz. "Para Abelardo, la cruz no trataba tanto sobre remover una barrera objetiva entre Dios y los seres humanos, sino más bien de una demostración a la humanidad del amor incomparable de Dios".[147] Cristo fue visto como el siervo y maestro amoroso. En lugar de una transacción jurídica en donde el hombre intercambiaba arrepentimiento por justificación, Abelardo enfatizó que el hombre debe ofrecer el arrepentimiento con el fin de poder llevar una vida buena. Este enfoque echó raíces en el liberalismo en la década de 1900 y continúa en la tradición de justicia social hasta hoy.

Enfoques unidimensionales posteriores

Anselmo y Abelardo presentaron dos diferentes enfoques "unidimensionales" de la obra de Jesús. Cada uno presentó una sola razón para la obra de Cristo, en lugar de destacarla como *una de las muchas victorias* de Cristo. Los teólogos que vinieron después siguieron este enfoque "unidimensional" y postularon otros enfoques sobre la expiación, tal como el enfoque de la sustitución penal (Charles Hodge, 1797-1878).[148] Algunas variaciones del enfoque de Hodge han persistido hasta la actualidad. Desde Anselmo y Abelardo, el enfoque clásico (*Christus Victor*) quedó a un lado, a pesar de que

Lutero intentó darle nueva vida[149] (ver la letra de *Castillo fuerte es nuestro Dios*). Pero el enfoque del *Christus Victor* se convirtió en una nota al pie de la Reforma y nunca recuperó el protagonismo. En cccidente, la muerte de Jesús en la cruz ha representado a la expiación desde entonces.

<u>División del protestantismo cccidental</u>
David Wells[150] y Robert Webber[151] proveen un excelente análisis histórico respecto al desarrollo de los métodos tradicional, pragmático y emergente (ver figura 22).

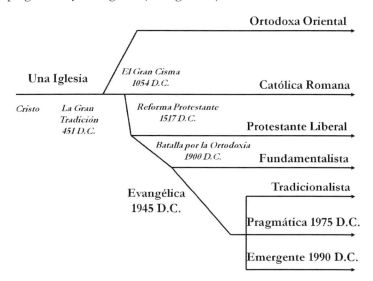

Figura 22: Los tres métodos

A mediados de 1800, "La batalla por la Ortodoxia" se produjo por la aplicación del racionalismo. Los liberales intentaron hacer al cristianismo aceptable para la élite cultural y los más educados. Abrumados por el miedo a ser irrelevantes para la cultura de la Ilustración, quienes eran respetados en las universidades, la literatura, las artes y las ciencias, los liberales buscaron una tregua intelectual. De este compromiso nació una síntesis del cristianismo y el humanismo secular.[152] Los liberales utilizaron el racionalismo para cuestionar la veracidad de la Biblia y enfatizaron el amor de Dios y la enseñanza moral de Jesús sobre su obra vicaria en la cruz (Abelardo). Ellos vieron al cristianismo como algo más acerca de vida que de doctrina; más acerca de obras que de credos. Los conservadores reaccionaron contra el liberalismo, conservando un alto concepto de las Escrituras y enfatizando la ira de Dios que se cumplió en la muerte de Jesús en la cruz (Anselmo y Hodge). Ellos veían al liberalismo como una mezcla peligrosa de racionalismo cultural con la práctica cristiana (sincretismo).

A principios del siglo 20, después de separarse del liberalismo, los conservadores comenzaron un nuevo diálogo entre sí tocante al grado en el que debían especificar los límites de la fe bíblica auténtica. Algunos pensaban que la ortodoxia histórica debía afirmar una gran lista de fundamentos y estaban más dispuestos a refugiarse en ellos mismos que ser contaminados por el mundo. Otros pensaban que debería haber más evangelización en el mundo y apertura a las diferencias dentro de las tradiciones cristianas. Aquellos que pedían una mayor flexibilidad eran conocidos como evangélicos; y los que se quedaron comprometidos con una larga lista de principios fundamentales fueron llamados fundamentalistas. Allá por la Segunda Guerra Mundial, los evangélicos se habían separado de manera significativa de los fundamentalistas. En las décadas posteriores a la Segunda Guerra Mundial, los evangélicos se dividieron en tres grupos competitivos, cada uno reaccionando en contra del anterior. En general, los evangélicos tradicionalistas son los que vinieron a la fe entre 1950 a 1975. Ellos sostienen que la fe cristiana "tiene sentido", enfocándose en el estilo apologético de Josh McDowell (*Evidencia que exige un veredicto*). Su paradigma de iglesia es institucional, orientado al vecindario, y cívico por naturaleza. A veces, ser un buen ciudadano es igual a ser un buen cristiano. El líder es el pastor-predicador, el "hombre del púlpito". Para ellos, el ministerio juvenil está centrado en la iglesia, con la educación que viene principalmente de la escuela dominical o grupo juvenil. La espiritualidad significa "mantener las reglas" y las preferencias musicales son himnos o coros entre los años de 1,700 y 1,960.

Los evangélicos tradicionalistas se convirtieron en el objetivo contra el cual reaccionaron los evangélicos pragmáticos. Los pragmáticos vinieron a la fe entre 1,975 y 2,000, comprometidos con un cristianismo "que funciona" (en lugar del enfoque tradicionalista que "tiene sentido"). Los pragmáticos enfatizaron que Dios tenía significado para la vida de un individuo, con un "plan para su vida". La iglesia fue impulsada por el mercado y orientada al consumidor, pasando de una iglesia de "vecindario" a una "mega iglesia", donde se ofrecen una variedad de programas para atraer a la gente. El liderazgo pastoral paso a ser del "pastor-predicador" al "administrador eficaz". El ministerio juvenil pasó de la "educación cristiana" a las "actividades divertidas diseñadas para mantener a los jóvenes sin problemas". Los grupos objetivo fueron segmentados para poder llenar sus necesidades. La espiritualidad pasó de "mantener las reglas" a "experimentar la bendición y el éxito". El estilo de adoración se volvió más contemporáneo, acorde con el estilo de música popular de los años de 1970 y 80's. En general, los emergentes (más jóvenes) son los que vinieron a la fe después del 2000, en respuesta a los evangélicos tradicionalistas y pragmáticos. Sus compromisos teológicos se formaron a partir del hambre por la relevancia en la cultura postmoderna. Se preocupan menos por la razón o el pragmatismo, pero están en una búsqueda de sentido personal a través de un estilo de vida misional. Optan por las comunidades de fe pequeñas e inter-culturales por encima de las grandes y homogéneas. También prefieren menos las estructuras jerárquicas de liderazgo y valoran la participación. El ministerio juvenil es más enfocado a la evangelización, ofreciendo educación a través de contactos informales e intergeneracionales. Su adoración es más reflexiva y personal, buscando la auténtica espiritualidad.

Una cronología de otros acontecimientos históricos

313 **El ascenso del Emperador Constantino:** Constantino fue el emperador de Roma desde el año 306 D.C. y el titular indiscutible de esa oficina a partir del 324 hasta su muerte en 337 D.C. En el año 313, puso fin a muchos años de persecución oficial hacia la Iglesia, proclamó la tolerancia religiosa en todo el imperio y profesó la fe personal en Cristo. Ya no estando bajo asedio, la Iglesia fue impulsada abruptamente a ser prominente. Algunos cristianos afirman que la Iglesia era saludable y vibrante antes de Constantino, pero que se estancó después de que Constantino la legitimizara e institucionalizara. Algunos líderes cristianos señalan a Constantino como un punto de inflexión en la historia de la Iglesia del cual la Iglesia aún no se recupera.[153]

0-451 **La Gran Tradición** representa el núcleo de la fe y práctica cristianas derivadas de las Escrituras, que va desde la época de Cristo hasta mediados del siglo V. La mayoría de lo que se ha demostrado esencial para la teología, la espiritualidad y el testimonio, fue articulado por la Iglesia en su vida comunitaria, su canon (Escritura), sus credos y concilios. Todas las expresiones posteriores de la fe cristiana (ortodoxa oriental, católica, reformada, evangélica, emergente, social, carismática, fundamentalista, sacramental) tienen sus raíces en la Gran Tradición.

1000-1100 **Anselmo y Abelardo** sugirieron diferentes enfoques respecto a un único propósito de la expiación de Jesús, comenzando el proceso de pasar por alto el enfoque del *Christus Victor* como la hermenéutica primaria de la Iglesia.

1500-1750 **La Reforma** se centró en la Biblia y la salvación por gracia mediante la fe como correcciones al Catolicismo Romano.

1730-1840 El Gran Despertar en EE.UU. (**movimiento renovador**) se centró en la salvación personal y la reflexión interior.

1850-1945 Los Protestantes se dividieron en **liberales y conservadores.**

1945-1975 Se formó el **evangelicalismo** y el *concepto de mercadeo* se apoderó de la cultura estadounidense.

1975-1990 Se formó el **método pragmático** en un esfuerzo por mercadear la fe cristiana con mayor efectividad. Los que se resistieron a ello, podrían ser incluídos en el método tradicional.

1990-Presente Se formó el **método emergente** para contextualizar la fe cristiana en un ambiente postmoderno, rechaza muchas de las ideas y metodologías tradicionalistas y pragmáticas.

Lecturas sugeridas

Los interesados en seguir estudiando, pueden buscar los siguientes libros que he enumerado desde *los más fáciles* hasta los *más desafiantes*.

Eldredge, John. *Epic*. Nashville, TN: Thomas Nelson, 2004.

Webber, Robert. *Who Gets to Narrate the World?* Downers Grove, IL: InterVarsity Press, 2008.

White, John. *The Fight*. Downers Grove, IL: InterVarsity Press, 1976.

Jethani, Skye. *The Divine Commodity*, Grand Rapids, MI: Zondervan, 2009.

Curtis, Brent and John Eldredge. *The Sacred Romance*. Nashville, TN: Thomas Nelson Publishers, Inc., 1997.

Hauerwas, Stanley, and William H. Willimon. *Resident Aliens*. Nashville, TN: Abingdon Press, 1998.

Ladd, George. *El Evangelio del Reino*. Miami, FL: Editorial Vida, 1985.

DeYoung, James, and Sarah Hurty. *Beyond the Obvious*. Gresham, OR: Vision House Publishing, 1995.

Wright, Christopher. *Knowing Jesus Through the Old Testament*. Downers Grove, IL: InterVarsity Press, 1992.

Belcher, Jim. *Deep Church*. Downers Grove, IL: InterVarsity Press, 2009.

Dudley, Guilford. *The Recovery of Christian Myth*. Eugene, OR: Wipf & Stock Publishing. The Westminster Press, 1967.

Webber, Robert. *Ancient Future Faith*. Grand Rapids, MI: Baker Books, 2008.

Murphy, Ed. *Manual de Guerra Espiritual*. Nashville, TN: Editorial Caribe, 1994.

Aalen, Gustaf. *Christus Victor*. Eugene, OR: Wipf & Stock Publishers, 1931.

Ladd, George. *The Presence of the Future*. New York: Harper and Row, 1974.

·

Notas al final

[1] Wood, Rick. March-April 2008. *Are We Proclaiming a Defective Gospel.* Mission Frontiers, página 9.

[2] *A Presbytery Handbook for Creating New Churches*, Chapter 6, página 36.

[3] Barna, George. *Revolution.* Carol Stream, IL: Tyndale House Publishers, Inc., 2005, página 2.

[4] McNeal, Reggie. *New Reality Number One: The Collapse of the Church Culture.* http://media.wiley.com/product_data/excerpt/85/07879656/0787965685.pdf, page 4.

[5] Wells, David. *The Courage to be Protestant.* Grand Rapids, MI: Wm. B. Eerdmans Publishing Co., 2008, página 48.

[6] Roberts, Bob. *The Multiplying Church.* Grand Rapids, MI: Zondervan, 2008, página 25.

[7] Esta producción fue adaptada de la película de Disney de 1,991, *La Bella y la Bestia*, DVD, dirigida por Gary Trousdale (1,991; Burbank, CA: Walt Disney Video, 2002).

[8] Lewis, C. S. *Mere Christianity.* New York: HaperCollins, 1952, página 46.

[9] Horton, Michael. *Christless Christianity.* Grand Rapids, MI: Baker Books, 2008, página 30.

[10] *How to Know God Personally*, http://www.ccci.org/wij/index.aspx.

[11] Horton, Michael. *Christless Christianity*, página 18.

[12] Barna, George. *Revolution*, páginas 29, 37, 66, 115-16.

[13] Fee, Gordon. *A Happy Church.* http://www.gatewayboston.org/resources/happy_church.doc, página 6.

[14] Este es mi propio resumen de Clapp, Rodney. *A Peculiar People.* Downers Grove, IL: InterVarsity Press, 1996, Chapter 6: The Church as Worshiping Community, páginas 94-113.

[15] Roberts, Bob. *The Multiplying Church*, página 18.

[16] *Drive Through Church*, http://www.youtube.com/watch?v=n4QFKS4LzS4.

[17] DeYoung, James, and Sarah Hurty. *Beyond the Obvious*. Gresham, OR: Vision House Publishing, 1995, páginas 83-84.

[18] Ed Murphy provee un interesante comentario de libro por libro sobre el papel del diablo a través de la Biblia. Murphy, Ed. *Manual de Guerra Espiritual*. Nashville, TN: Thomas Nelson Publishers, Inc., 2003.

[19] Un excelente lugar para empezar es Ladd, George. *El Evangelio del Reino*. Miami, FL: Editorial Vida, 1985.

[20] Snyder, Howard. *The Community of the King*. Downers Grove, IL: InterVarsity Press, 2004, página 65.

[21] Murphy, Ed. *Manual de Guerra Espiritual*. Ver también Mt. 4:1-11, 10:1; Lc. 10:1-20, 11.20-22; Rom. 8:34; 1 Cor. 15:17-21; Col. 2:14-15; Heb. 2:17-18, 7:25; 1 Jn. 2:1-2; Ap. 19:11-21.

[22] Webber, Robert. *Ancient Future Worship*. Grand Rapids, MI: Baker Books, 2008, página 143.

[23] Aalen, Gustaf. *Christus Victor*. Eugene, OR: Wipf & Stock Publishers, 1931.

[24] Webber, Robert. *Ancient Future Faith*. Grand Rapids, MI: Baker Books, 2008, páginas 25, 44.

[25] Webber, Robert. *Ancient Future Faith*, página 41.

[26] Curtis, Brent and John Eldredge. *The Sacred Romance*. Nashville, TN: Thomas Nelson Publishers, Inc., 1997, página 81.

[27] DeYoung and Hurty. *Beyond the Obvious*, página 88.

[28] Dudley, Guilford. *The Recovery of Christian Myth*. Eugene, OR: Wipf & Stock Publishing. The Westminster Press, 1967, páginas 1-58.

[29] Murphy, Ed. *Manual de Guerra Espiritual*, página 90.

[30] Wood, Rick. *Are We Proclaiming a Defective Gospel?*, página 10.

[31] Schaeffer, Francis. *The Complete Works of Francis Schaeffer, Volume 2: Joshua and the Flow of Biblical History*, Westchester, IL: Crossway Books, 1975, página 210.

[32] White, John. *The Fight*. Downers Grove, IL: InterVarsity Press, 1976, página 78.

[33] El Dr. Don Davis hace mención frecuentemente de esta verdad tomada de una cita de Papías (ver http://www.newadvent.org/fathers/01225.htm).

[34] Webber, Robert. *Ancient Future Faith*, página 197.

[35] Ibíd.

[36] Ibíd.

[37] Horton, Michael. *Christless Christianity*, página 146.

[38] Webber, Robert. *Ancient Future Worship*, página 174.

[39] Horton, Michael. *Christless Christianity*, página 142.

[40] Viola, Frank. *Pagan Christianity*. Tyndale House Publishers, Inc., 2008, página 230.

[41] Webber, Robert. *Ancient Future Faith*, página 134.

[42] Horton, Michael. *Christless Christianity*, página 20.

[43] Batterson, Mark. *Wild Goose Chase*. Colorado Springs, CO: Multnomah Books, 2008, página 72.

[44] Para crecer en la comprensión de Cristo como el **TEMA** del Antiguo Testamento, lea Wright, Christopher. *Knowing Jesus Through the Old Testament*. Downers Grove, IL: InterVarsity Press, 1992.

[45] Webber, Robert. *Ancient Future Worship*, páginas 33, 129.

[46] Curtis, Brent and John Eldredge. *The Sacred Romance*, página 45.

[47] ÉPICO es adaptado del escrito de Leonard Sweet (www.leonardsweet.com), representado por *Experimental, Participativo, Imágenes y Cristocéntrico Orientado*. En mi acróstico yo uso "Cristocéntrico" en vez de "Conectivo".

[48] Wells, David. *The Courage to be Protestant*, página 140.

[49] Curtis, Brent and John Eldredge. *The Sacred Romance*, página 43.

[50] Davis, Don. *Our Declaration of Dependence: Freedom in Christ*, http://www.tumi.org/migration/images/stories/pdf/ourdeclofdependence.pdf.

[51] Webber, Robert. *Ancient Future Worship*, páginas 115-116, 128.

[52] Batterson, Mark. *Wild Goose Chase*, página 171.

[53] Stevens, R. Paul. *The Equipper's Guide to Every Member Ministry*. Downers Grove, IL: InterVarsity Press, 1992, página 90.

[54] Roberts, Bob. *The Multiplying Church*, página 111.

[55] Stevens, R. Paul. *The Equipper's Guide to Every Member Ministry*, página 95.

[56] Frost, Michael and Alan Hirsch. *The Shaping of Things to Come*. Peabody, MA: Hendrickson Publishers, LLC, 2003, página 217.

[57] Viola, Frank. *Pagan Christianity*, página 99.

[58] Jethani, Skye. *The Divine Commodity*. Grand Rapids, MI: Zondervan, 2008, página 97.

[59] Hauerwas, Stanley, and William H. Willimon. *Resident Aliens*. Nashville, TN: Abingdon Press, 1998, páginas 112-127.

[60] Frost, Michael and Alan Hirsch. *The Shaping of Things to Come*, página 208.

[61] Wells, David. *The Courage to be Protestant*, página 63.

[62] Webber, Robert. *Ancient Future Faith*, página 152.

[63] Batterson, Mark. *Wild Goose Chase*, página 160.

[64] White, John. *The Fight*, páginas 216-217.

[65] Webber, Robert. *Ancient Future Faith*, páginas 155-157.

[66] Horton, Michael. *Christless Christianity*, página 148, 150.

[67] Curtis and Eldredge. *The Sacred Romance*, páginas 137, 144.

[68] Hauerwas and Willlimon. *Resident Aliens*, página 59.

[69] Eldredge, John. *Epic*. Nashville, TN: Thomas Nelson, 2004.

[70] Phillips, Keith. *Out of Ashes*. Los Angeles, CA: World Impact Press, 1996, página 47.

[71] Los movimientos pietista y puritano también tuvieron una influencia significativa en estos desarrollos.

[72] *The Marketing Concept,* http://www.netmba.com/marketing/concept/.

[73] Kotler, Philip. *Marketing Management.* Fifth Edition, Englewood Cliffs, NJ: Prentice Hall, Inc., 1984, página 22.

[74] Wells, David. *The Courage to be Protestant,* página 53.

[75] Viola, Frank. *Pagan Christianity,* páginas 65-72.

[76] Ibíd., página 69.

[77] Ibíd., páginas 69-71.

[78] Horton, Michael. *Christless Christianity,* página 58.

[79] David Wells tiene un extenso análisis del método pragmático, que él llama "los vendedores" en su libro *The Courage to Be Protestant.*

[80] Horton, Michael. *Christless Christianity,* página 49.

[81] Jethani, Skye. *The Divine Commodity,* página 98.

[82] Ibíd., página 109.

[83] Wells, David. *The Courage to be Protestant,* página 40.

[84] Ibíd., página 25.

[85] Halter, Hugh. *The Tangible Kingdom,* San Francisco, CA: Jossey-Bass, 2008, páginas 56-57.

[86] *A Shocking "Confession" from Willow Creek Community Church,* http://www.crosswalk.com/pastors/11558438/.

[87] Ibíd.

[88] Los postmodernos creen que el vínculo entre las declaraciones proposicionales y el significado que hay detrás de ellas se ha roto, por lo que la verdad objetiva debe ser vista con sospecha. Por tanto, la "verdad" debe ser explorada por cada individuo.

[89] Gibbs, Eddie and Ryan Bolger. *Emerging Churches.* Grand Rapids, MI: Baker Academic, 2005, página 39.

[90] Ibíd., página 78.

[91] McKnight, Scot. February 2007. *Five Streams of the Emerging Church*. Christianity, http://www.christianitytoday.com/ct/2007/february/11.35.html.

[92] Wells, David. *The Courage to be Protestant*, página 87.

[93] Ibíd., página 46.

[94] Ibíd., página 68.

[95] Gibbs, Eddie and Ryan Bolger. *Emerging Churches*, página 48.

[96] Ibíd., página 93.

[97] Ibíd., página 161.

[98] Ibíd., página 23.

[99] Ibíd., página 106.

[100] Por ejemplo, *Peculiar People* (Rodney Clapp), *The Shaping of Things to Come* (Michael Frost and Alan Hirsch), *Pagan Christianity* (Frank Viola), o *The Tangible Kingdom* (Hugh Halter).

[101] Gibbs, Eddie and Ryan Bolger. *Emerging Churches*, páginas 43-53.

[102] Ibíd., páginas 34-39.

[103] Ibíd., página 21.

[104] Ibíd., página 44.

[105] Horton, Michael. *Christless Christianity*, página 115.

[106] Gibbs, Eddie and Ryan Bolger. *Emerging Churches*, página 45.

[107] Ibíd., páginas 44, 50-51.

[108] Webber, Robert. *Ancient Future Worship*, página 170.

[109] Webber, Robert. *Ancient Future Faith*, página 17.

[110] Wells, David. *The Courage to be Protestant*, página 243.

[111] *Volver al Futuro*, DVD, dirigido por Robert Zemeckis (1985; Universal City, CA: Universal Studios, 2009).

[112] Davis, Don. *Sacred Roots: Mobilize Urban Churches for Action*, http://www. tumi.org/migration/index.php?option=com_content&view =Article&id=706&Itemid=691.

[113] Davis, Don. http://www.tumi.org/migration/Index.php?option =com_content&view=article&id=706&Itemid=691.

[114] Allsman, Don. *My Thoughts on the Creed*, http://www.tumi.org/forum /showpost.php?p=319&postcount=7.

[115] Webber, Robert. *Ancient Future Faith*, página 182.

[116] Lewis, C. S. *Mere Christianity*, página xv.

[117] Kotler, Philip. *Marketing Management,* páginas 251-252.

[118] Se puede argumentar que hay raras excepciones, como los monofisitas y monotelitas.

[119] Eldredge. John. *Epic*, páginas 11-13.

[120] Cavanaugh, Brian. *Picturing the Kingdom of God*, http://www.appleseeds.org/ picture.htm.

[121] *Theologians*, http://scandalon.co.uk/theology/bultmann.htm.

[122] O "kako.." Ver Mc.4:15; Jn. 8:44; 2 Cor. 2:11, 11:14, 12:7; Ef. 4:27; 1 Tim. 4:1; 2 Tim. 2:26; 1 Pe. 5:8; 1 Jn. 4:1-4.

[123] O "kosmos". Ver Mt. 4:8-10; Jn. 12:31, 14:30, 16:11; 2 Cor. 4:3-4; St. 4:4-5; 1 Jn. 2:15-17; 4:1-4, 5:19.

[124] O "sarx." Ver Rom. 3:23, 5:19, 8:1-4; Ef. 2:3; 1 Tim. 3:6-9, 5:9, 14-15; 2 Tim. 2:14, 26; 1 Pe. 2:11, 5:5-11. Los tres son mencionados en St. 4:1-11.

[125] Murphy, Ed. *Manual de Guerra Espiritual*, página 521.

[126] Murphy, Ed. *Manual de Guerra Espiritual*, página 61.

[127] *W. Russell Maltby Famous Quotes*, http://www.quotemountain.com/ Famous_quote_author/w_russell_maltby_famous_quotations/.

[128] DeYoung and Hurty. *Beyond the Obvious*, página 96.

[129] White, John. *The Fight*, página 222.

[130] Ibíd., páginas 224-225.

[131] DeYoung and Hurty. *Beyond the Obvious*, página 212.

[132] Foster, Richard. *Streams of Living Water*. New York: HaperCollins Publishers, 1998.

[133] Mientras que la adoración se expresa en términos estrictos aquí, se debe comprender que la adoración abarque todos los aspectos de la vida individual y comunitaria, ya sea que se trate de teología, discipulado, evangelización o adoración (en el sentido estricto). Todo debe hacerse para la gloria de Dios y para derrotar el reino del adversario.

[134] Brown, Brad. "Out on a Limb!" (sermón, Emmanuel Church, Burbank, CA, 9 de Agosto de 2009).

[135] Davis, Don. http://www.tumi.org/migration/index.php?option= com_content&view=article&id=706&Itemid=691.

[136] Webber, Robert. *Ancient Future Faith*, páginas 179, 185.

[137] Jethani, Skye. *The Divine Commodity*, página 186.

[138] Wells, David. *The Courage to be Protestant*, página 227.

[139] Jim Belcher's book, *Deep Church: A Third Way Beyond Emerging and Traditional* (Downers Grove, IL: InterVarsity Press, 2009) es una maravillosa expresión de un deseo de retornar a la Gran Tradición. Sin embargo, su subtítulo sugiere la Gran Tradición como otro método para resolver las diferencias entre los emergentes y los tradicionalistas en la cultura estadounidense dominante. Un compromiso con las *Raíces Sagradas* de la Iglesia no debe ser visto como un método para resolver una determinada situación sub-cultural, sino más bien es un intento de recuperar la Gran Tradición para los propósitos de la formación de cada congregación (en cada cultura del mundo) en el *Pueblo de la Historia*.

[140] Gibbs, Eddie and Ryan Bolger. *Emerging Churches*, página 219.

[141] Ibíd., p. 223.

[142] Belcher, Jim. *Deep Church*, páginas 133, 153.

[143] Murphy, Ed. *Manual de Guerra Espiritual*, página 521.

[144] Webber, Robert. *Ancient Future Faith,* páginas 13-34.

[145] See Gustaf Aulen's *Christus Victor* and Robert Webber's *Ancient Future Faith.*

[146] Green, Joel. *Recovering the Scandal of the Cross.* Downers Grove, IL: InterVarsity Press, 2000, página 131.

[147] Ibíd., p. 138.

[148] Ibíd., p. 142-150.

[149] Aalen, Gustav. *Christus Victor,* páginas 101-122.

[150] Wells (*The Courage to be Protestant*) calls these movements "Truth-Lovers, Marketers, and Emergents."

[151] Webber calls them "Traditional, Pragmatic, and Younger evangelicals." *An Interview with Robert Webber, author of The Younger Evangelicals,* http:// www.theooze.com/articles/article.cfm?id=385&page=2.

[152] Wells, David. *The Courage to Be Protestant,* página 49.

[153] Por ejemplo, Viola, Frank. *Pagan Christianity.*

Made in the USA
San Bernardino, CA
20 May 2020